György Ligeti / Gerhard Neuweiler
Motorische Intelligenz

An den Austausch zwischen Künstlern und Wissenschaftlern knüpfen wir hohe Erwartungen. Selten sind aber die Bedingungen dafür gegeben, daß ein solches Gespräch zustande kommt und für beide Seiten produktiv wird. Ein solcher Glücksfall ist Ausgangspunkt für dieses Buch. Der Komponist György Ligeti und der Neurobiologe Gerhard Neuweiler stellen sich Fragen: Was macht den Primaten zum Menschen? Welche Rolle spielt die motorische Intelligenz für die Musik? Ein spannender Dialog, dokumentiert von Reinhart Meyer-Kalkus vom Wissenschaftskolleg zu Berlin.

György Ligeti
Gerhard Neuweiler

Motorische Intelligenz

Zwischen Musik und Naturwissenschaft

Herausgegeben von
Reinhart Meyer-Kalkus

Verlag Klaus Wagenbach Berlin

Inhalt

Die vorliegende Publikation wäre nicht zustande gekommen ohne die freundliche Unterstützung durch Dr. Vera Ligeti/Wien und Dr. Heidy Zimmermann von der Paul Sacher Stiftung/Basel, die den Ligeti-Nachlaß betreut. Ihnen gilt unser besonderer Dank.

Vorrede

»Oft stellt der Künstler und nicht der Wissenschaftler die interessantesten und bohrendsten Fragen«, so hat Gerhard Neuweiler rückblickend seine Gespräche mit György Ligeti (28. Mai 1923 – 12. Juni 2006) resümiert.[1] Dessen Nachfragen verdankt er den Anstoß zu seinen Überlegungen zur motorischen Intelligenz des Menschen. Auch wenn man diesen Begriff in Ligetis Texten, die in diesem Buch abgedruckt sind, vergeblich suchen wird, war der Komponist mehr als nur Stichwortgeber. Das Nachdenken über die metrisch-rhythmische Komplexität von Musik ist eine Konstante seines kompositorischen Schaffens. Vor allem in den letzten beiden Jahrzehnten hat er sich mit Problemen der Metrik und Polyrhythmik, der Motorik und Taktilität der Finger (besonders beim Klavierspielen), mit Illusionsrhythmik und *inherent patterns* in der afrikanischen Musik auseinandergesetzt. Rekonstruiert man diese verstreuten Bemerkungen, so stößt man auf Überlegungen, die nach dem treffenden Begriff, dem lösenden Wort zu rufen scheinen. Die Formel von der motorischen Intelligenz erscheint wie ein Leitmotiv seines musikalischen Denkens. Ligeti hatte zu großen Respekt vor der Professionalität naturwissenschaftlicher Forschung, als daß er sich selber mit Ad-hoc-Hypothesen oder Begriffsbildungen hervorgetan hätte. So bot die Begegnung mit Neuweiler für ihn, wie er gesprächsweise betont hat[2], eine seltene und als besondere Gunst erlebte Gelegenheit zur Klärung.

Ligetis hier abgedruckte Texte sind in anderer Weise aufschlußreich für das Thema. An ein akademisches Publikum gerichtet, beschreibt er sein lebenslanges Interesse an den Wissenschaften und besonders an naturwissenschaftlicher Forschung. Obgleich er die Unterschiede von Kunst und Wissenschaft betont, will er auf den Austausch beider nicht verzichten, da er sich produktive Anregungen davon verspricht und eine Verständigung über die Grundlagen der eigenen Arbeit. Was ihm verwandt erscheint, ist die unablässige Variation der Mittel und Methoden und das Durchspielen aller in einer experimentellen Anordnung gegebenen Möglichkeiten. Keine einmal definierte Problemstellung und deren Lösung sollen wiederholt werden – motorische Intelligenz als geistiger Habitus. »Mein Leben lang fand ich Dogmen uninteressant«, schreibt Ligeti einmal, »in unentdeckte Bereiche vorzustoßen betrachte ich als meine vornehmste Aufgabe. Wie sich komplexe Formen und Strukturen aus höchst einfachen Prozessen entwickeln, das ist die Lektion, die wir aus dem Studium der Struktur lebendiger Organismen und tierischer wie menschlicher Gesellschaften lernen können.«[3]

R. M.-K.

Gerhard Neuweiler

Was unterscheidet Menschen von Primaten? Die motorische Intelligenz

Einleitung

Diese Abhandlung, deren Thema seit Darwins Zeiten die Biologie bis heute beschäftigt, hat zwei Väter: den Verfasser eines Lehrbuchs für vergleichende Neurobiologie, mich selbst, und den Komponisten György Ligeti.

Mein Drang, ein dickes Buch zu verfassen – der Sohn war längst geboren und der Baum gepflanzt –, führte mich in die vom Universitätsalltag abgeschiedene und anregende Atmosphäre des Berliner Wissenschaftskollegs, und dort kommt der andere Vater dieses Textes ins Spiel: Eines meiner Nachbarappartments in der Villa Jaffé in der Wallotstraße wurde von einem Komponisten bewohnt, György Ligeti. Da er damals schon gehbehindert war, habe ich ihn öfters begleitet. Bei solchen Gängen zeigte er zwei Eigenschaften, die man weniger bei Künstlern als bei Wissenschaftlern erwartet: unstillbaren Wissenshunger und das Beharren auf exakten Antworten.

So entwickelten sich die gemeinsamen Wege zu weitgespannten neurobiologischen Kollegs. Diese Gespräche führten immer wieder auf die Frage, wieso das menschliche Gehirn so ungleich kreativer ist als das unserer nächsten Verwandten, mit denen wir doch nahezu alle Gene teilen. Als Biologe, der sich hauptsächlich mit Neurobiologie und Verhalten beschäftigt, war mir klar, daß der entscheidende Unterschied zwischen Affe und Mensch nicht dort liegt, wo er intuitiv gesucht wird, nämlich bei den kognitiven Fähigkeiten, unserer Assoziationskraft, unserer Logik und unserer Neugier, sondern in unserer motorischen Intelligenz, die auf Besonderheiten der Primatenmotorik aufbaut. Die nachfolgende Darstellung ist die Quintessenz der vielen Gespräche zwischen György Ligeti und mir.

Die motorische Fähigkeit zu sprechen und zu manipulieren, die Fingerfertigkeit, sind die beiden einzigartigen Eigenschaften, die Kulturen und Zivilisationen entstehen und unsere sprachlosen Verwandten in der Natur, im Tierreich zurückließen.

Was wüßten wir vom Gedankenreichtum eines Charles Darwin ohne die Sprachmotorik? Was wüßten wir von den musikalischen Ideen eines Komponisten wie György Ligeti, wenn sie nicht niedergeschrieben wären und von der Fingerakrobatik der Musiker zu Gehör gebracht würden? Nichts. Genausowenig wie von all den Gedanken, Phantasien und Einsichten, die mit dem Gehirn, das sie dachte, zu Staub zerrannen, weil kein Zungenmuskel sie artikuliert, kein Handmuskel sie niedergeschrieben und kein Finger-Werken sie zu Gegenständen, Werkzeugen, Maschinen geformt hat.

Wieso also sprechen und ›handwerken‹ wir und die Affen nicht? Das Insistieren Ligetis auf präzisen Antworten zwang mich, Nachschlagewerke zu durchforsten und vor allem in der aktuellen Fachliteratur nachzuforschen. Was ich bei dieser Suche nach Antworten auf seine Fragen, die sich im Titel ausdrücken, gefunden und an Einsichten gewonnen habe, möchte ich erzählen.

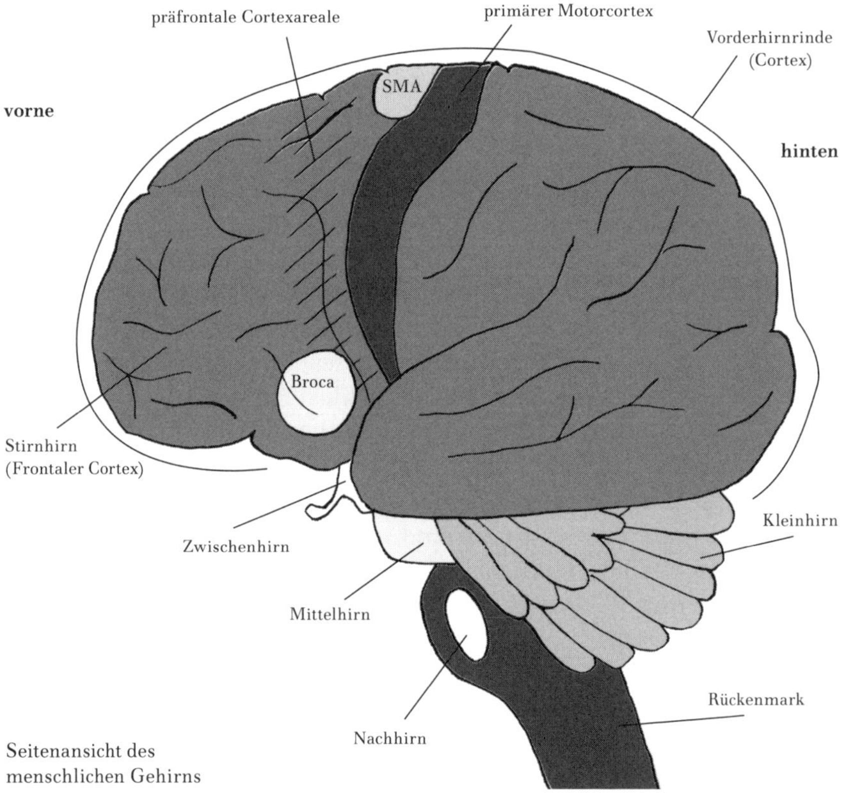

Seitenansicht des menschlichen Gehirns

Motorik ausgerechnet als Spezifikum der Menschwerdung? Wissen wir nicht alle aus eigener Anschauung, daß Tiere im Zweifelsfall schneller, geschickter, geschmeidiger springen, laufen, klettern als der Mensch? Bewegung ist das Privileg des Tierreichs und dieses Privileg wurde in der Erdgeschichte zu einer Vielfalt der Bewegungsformen, vom Fliegen bis zum Tauchen, in höchster Präzision perfektioniert.

Auf der neuronalen Intelligenz dieser effizienten Fortbewegungsformen der Tiere baut unsere spezifische motorische Fähigkeit zu sprechen und zu manipulieren auf.

Deshalb soll zuerst das allen Bewegungen zugrundeliegende neuronale Programmier- und Kontrollschema dargestellt werden, das für das Sprechen genauso gilt wie für das Laufen, Schwimmen, Fliegen et cetera (siehe links und Seite 12). Wenn ein Fisch schwimmt, eine Raubkatze anschleicht oder ein Pferd galoppiert, sind kontinuierlich viele Neuronen damit beschäftigt, in einer zielgerichteten Zeitfolge Tausende von Muskelfasern synchron zu erregen und andere zu hemmen. Das räumlich-zeitliche Aktivitätsmuster dieser Hunderten von Neuronen muß sich ständig nach dem vorgegebenen Plan ändern, wenn eine fließende Bewegung entstehen soll. Wer schreibt diese Partitur und wer führt sie auf? Eine Kaskade neuronaler motorischer Zentren, die im Rückenmark beginnt und im frontalen Cortex, der Vorderhirnrinde endet. Das Prinzip neuronaler Bewegungssteuerung soll am Beispiel des Beines erklärt werden (siehe Seite 14).

Das alternierende Strecken und Beugen von Gelenken ist das Grundelement jeder Fortbewegung, und durch das Verbinden mehrerer Gelenkbewegungen entstehen mehr oder weniger grazile Bewegungen. Jedem Bewegungselement, in erster Linie also den Gelenken, ist relativ nahe am Geschehen, also in der Wirbelsäule, ein lokales Nervennetz, ein sogenannter zentraler Mustergenerator zugeordnet. Er sorgt dafür, daß beim Bewegen die Beuger- und Streckermuskeln, Agonist und Antagonist, sich alternierend kontrahieren.

Eine Grundverschaltung des Mustergenerators erzeugt einen Wechselrhythmus durch reziproke Hemmung, das heißt die Neurone, die Beuger aktivieren, hemmen gleichzeitig die Neurone für die Streckermuskeln und umgekehrt. Dieser Rhythmikgenerator (siehe Seite 14) ist in ein Netz von Neuronen eingewoben, die den Grundrhythmus durch Rückmeldungen von Sinnesorganen modulieren können, die den Bewegungsrhythmus etwa an Stolpersteine oder Zieländerungen anpassen. Nun bewegen wir uns nicht immer. Wenn wir stillhalten, erzeugt der zentrale

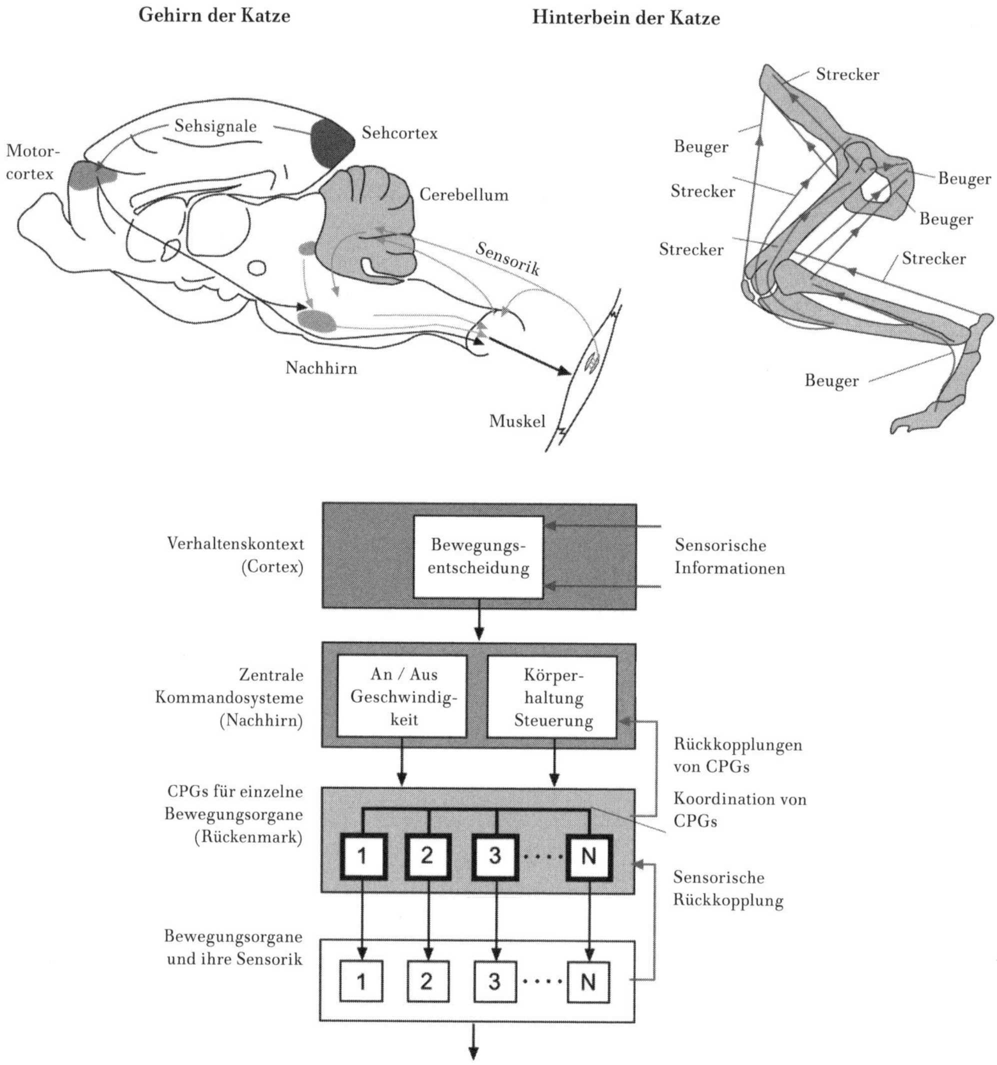

Das Prinzip neuronaler Bewegungskontrolle am Beispiel des Hinterbeines der Katze
oben links: das Gehirn der Katze mit den wichtigsten Bewegungszentren (grau)
oben rechts: das Hinterbein der Katze mit den Gelenken und Muskeln (Pfeile)
Schema: In Rückkopplungsschleifen sind zentrale Mustergeneratoren (CPG) des Rückenmarks einerseits mit der Haut- und Muskelsensorik der Bewegungsorgane und andererseits mit übergeordneten, koordinierenden Zentren des Nachhirns verknüpft. Diese Nachhirnzentren geraten im Laufe der Evolution zunehmend unter die Kontrolle des Motorcortex (Cortex), der einerseits von Zentren des Vorderhirns (Verhaltenskontext) und andererseits über die Sehcortices (dunkelgrau) in die räumlichen Zusammenhänge des Handelns eingebunden wird. Das Cerebellum begleitet als lernender Zeitcomputer die räumlich-zeitliche Orchestrierung der Muskeln zu kohärenten, zielgerichteten Bewegungen. (nach Neuweiler 2003)

Mustergenerator ein anderes Programm, so daß die Motoneurone für Beuger- und Streckermuskeln gleichzeitig feuern, um das Gelenk in einer bestimmten Position zu fixieren.

Für eine kohärente Gliedmaßenbewegung müssen die Mustergeneratoren einzelner Gelenke durch neuronale Koordination der Generatoren im Rückenmark untereinander zusammengeführt werden, vor allem aber durch übergeordnete motorische Zentren im Nachhirn, die sensorische Rückmeldungen über den aktuellen Stand des Bewegungsablaufes mit berücksichtigen. Diese Nachhirnzentren geraten im Verlauf der Evolution immer mehr unter den Einfluß des Vorderhirns. Jede bewußte und absichtsvolle Bewegung hat ihren Ursprung im motorischen Cortex des Vorderhirns (siehe Seite 15). Jeder kennt aus Lehrbüchern und populärwissenschaftlichen Darstellungen den Homunculus, der sich über den motorischen Cortex erstreckt und angibt, wo die Neurone liegen, welche die entsprechenden Muskeln kontrollieren. Die überdimensionale Repräsentation der Finger-, vor allem der Daumenmuskulatur und die riesige Darstellung der Zunge zeigen, daß beim Menschen die Muskeln des Sprechens und ›Handwerkens‹ so dicht innerviert sind wie bei keinem anderen Primaten.

Reizt man die Motorcortexneurone an einer der Stellen elektrisch, so wird der entsprechende Muskel aktiviert. Wo kommen natürlicherweise die Erregungsprogramme her, die solche muskelspezifischen Neurone zu einem räumlich-zeitlichen Kontraktionsablauf, zum Beispiel der Schulter, Arm-, Hand- und Fingermuskeln orchestriert? Diese Programme stammen aus Cortexarealen, die unmittelbar vor diesem motorischen Cortex zu finden sind, den prämotorischen Arealen. Dort laufen Informationen aus den Sinnesorganen, aus der Motorik und von frontalen Assoziationszentren zusammen, und dort entstehen die mentalen Absichten und die dafür benötigten zeitlich-räumlichen Bewegungsprogramme für Handlungen, die wir dann durchführen oder auch nicht. Für die beabsichtigte, zielorientierte Bewegung, die sogenannte Willkürmotorik, gibt es also eine Hierarchie der Handlungsgenerierung (siehe Seite 10), die bei allen Säugetieren im prämotorischen Cortex beginnt und über den motorischen Cortex in die verwirrende Vielfalt von Nachhirnzentren führt, die ihrerseits im Rückenmark die Mustergeneratoren für die Gelenkmuskeln steuern.

Die lernende Zeitmaschine

Eine Bewegung erreicht ihr Ziel nur, wenn das zeitliche Ablaufmuster der vielen beteiligten Muskeln präzise dem Plan folgt. Dabei kommt es

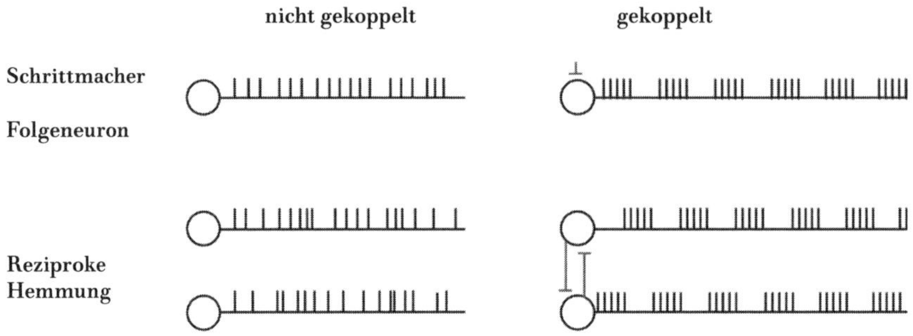

Rhythmikerzeugung. In den zentralen Mustergeneratoren sorgen entweder gekoppelte Schrittmacherneurone (rechts) oder reziproke Hemmung (unten) dafür, daß bei Bewegungen die jeweiligen antagonistischen Muskeln gehemmt bleiben. (nach Neuweiler 2003)

nicht nur darauf an, welche Muskeln wie stark und in welcher Reihenfolge kontrahiert werden. Wenn eine Bewegung präzise und schnell ihr Ziel oder ihren Zweck erreichen soll, muß die Zeitrelation *zwischen* den Muskelaktivitäten, ihre Phasenbeziehung, auf Millisekunden genau orchestriert sein. Wenn ein Frosch sein Bein nach hinten kickt, sind zwar nur drei verschiedene Muskelgruppen aktiv. Die Phasenbeziehung, die Zeitrelation zwischen der Aktivität der drei Muskeln entscheidet aber, ob die Beine wie bei einem Schwimmer in der Mitte zusammengeschlagen werden, ob sie senkrecht nach hinten stoßen oder die Füße weit seitlich landen. Wenn man sich die Präzision und Vielschichtigkeit der Phasenbeziehungen nicht beim Froschbein, sondern bei einem Klavierspieler anschaut, zum Beispiel die zehn Finger des Pianisten Pierre-Laurant Aimard, die über die Tasten springen, wenn er eine von Ligetis *Klavieretüden* spielt, so ist die Raum-Zeit-Komplexität eines solchen motorischen Programms schlicht nicht mehr vorstellbar.

Unsere Vorderhirne sind freilich nicht so genial, daß sie solche komplexen Zeitraumprogramme auf Befehl jedesmal neu aufbauen und zur Verfügung stellen. Bewegungen sind komplex und fehlerbehaftet. Wir alle wissen, auch wenn es beim Klavierspielen nur zu Muzio Clementi reicht, daß wir diese Finger- und Handbewegungen erlernen und wiederholend einüben müssen. Das gilt für ein Kind, das Gehen lernt, genauso wie für Jungtiere. Das intensive Spielen vieler Tiere verfolgt keinen anderen Zweck, als lebenswichtige Handlungsabläufe bis zur Perfektion einzuüben. Für die Fehlerkorrekturen beim Einüben und die Konservierung der schließlich perfekt ausgeführten motorischen Raum-Zeit-Partitur,

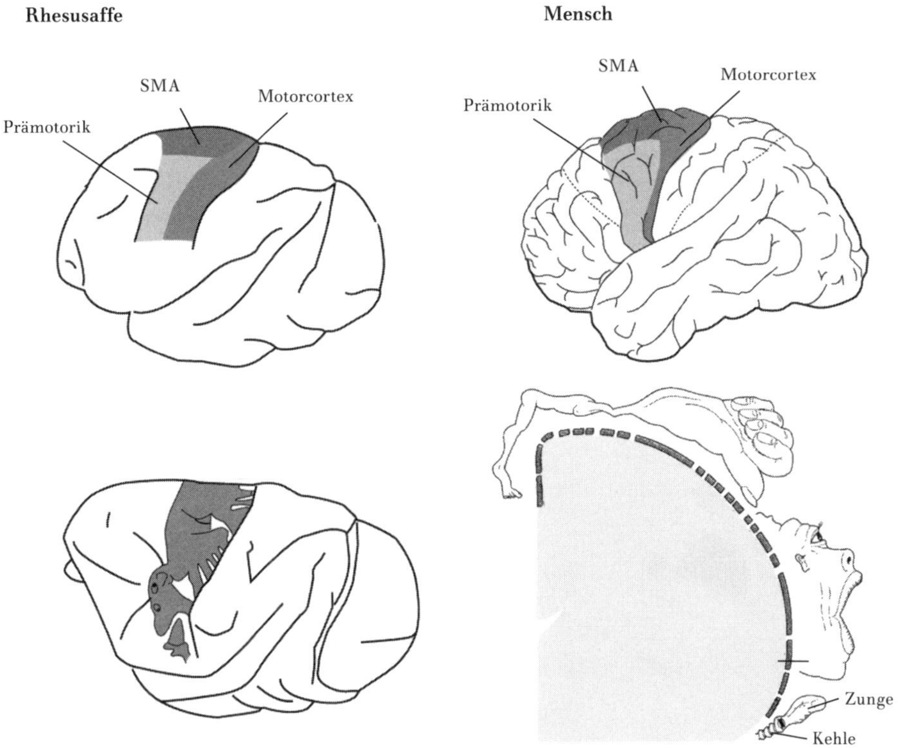

oben: Die Lage des Motorcortex, prämotorischer Areale und der SMA (supplementary motor area) bei Rhesusaffe (links) und Mensch (rechts)
unten: Lage der Neurone im Motorcortex, die Bewegungselemente der entsprechenden Muskelorgane steuern. Im Vergleich zum Affen sind beim Menschen die Neurone für die Hände und die Artikulation (Gesichtsmuskeln, Zunge, Kehlkopf) riesig überrepräsentiert. Motorisch gesehen ist der Mensch ein ›Manipulier- und Sprech-Primat‹. (aus Kandel et al. 2000)

orchestriert im Millisekundentakt und von Hunderten von Orchestermitgliedern, den Muskeln, aufgeführt, gibt es einen begleitenden Online-Zeitkontrolleur, das Kleinhirn (siehe Seite 16/17). Versagt das Kleinhirn, werden Bewegungen abgehackt, stockend und ungenau und unser Sprechfluß beispielsweise zerfällt in zäh aufeinanderfolgende Einzelworte.

Bei allen Vorgängen, die einen komplexen zeitlichen Ablauf beinhalten, also bei allen Bewegungen, aber auch beim denkerischen Planen und selbst bei kognitiven Aufgaben, wie zum Beispiel die Dauer von Reizen und von Pausen abzuschätzen, Geschwindigkeiten zu vergleichen et cetera, wird das Kleinhirn (siehe Seite 19) als lernende Zeitmaschine in Schleifen zugeschaltet. Diese Schleifen geben einerseits den unmittelbar

Kleinhirnrinde

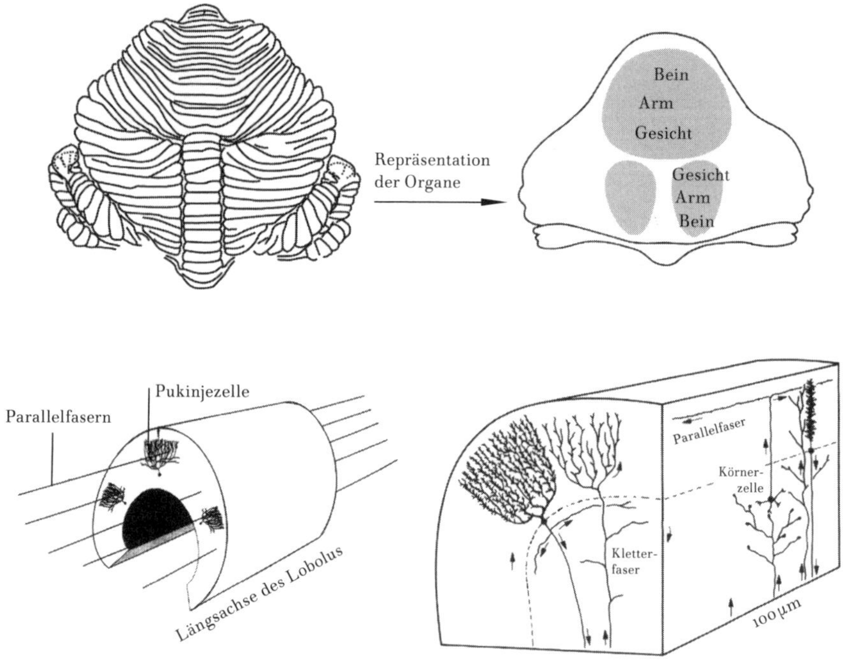

Das Kleinhirn als Begleiter komplexer Zeitprogramme von Bewegungen
oben: bei Primaten und beim Menschen sind die Areale der Kleinhirnrinde, wo die Gesichts- und Armmuskulatur (inklusive Handmuskeln) repräsentiert werden, besonders groß.
unten: Das Verschaltungsschema zwischen Parallelfasern, die corticale Bewegungsprogramme heranführen, und den Hauptneuronen des Kleinhirns, den Purkinjezellen. Die Axone der Körnerzellen sind die Parallelfasern. Kletterfasern aus der unteren Oliva liefern korrigierende, sensorische Rückmeldungen über den aktuellen Stand der Bewegung. Pfeile geben die Richtung des Informationsflusses an.

durchzuführenden Bewegungsablaufplan vor, man spricht von vorwärts gekoppelter (feedforward) Kontrolle, und wirken andererseits rückkoppelnd korrigierend auf die Bewegungszentren zurück. Solche Aktivitätsschleifen unterhält das Kleinhirn mit nahezu allen Gehirngebieten. Das Kleinhirn besteht aus Abermillionen völlig gleichartiger Mikroverschaltungen. Dieser Computer (siehe oben und rechts) aus parallel arbeitenden Mikroprozessoren übernimmt von Cortexarealen, wo die Bewegungsabsichten entstehen, das dort generierte räumlich-zeitliche Bewegungsprogramm und vergleicht es online mit der tatsächlichen momentanen Bewegungsausführung.

Stimmen die sensorischen Rückmeldungen über die Ausführung mit dem beabsichtigten Programm nicht überein, das heißt unsere Hände

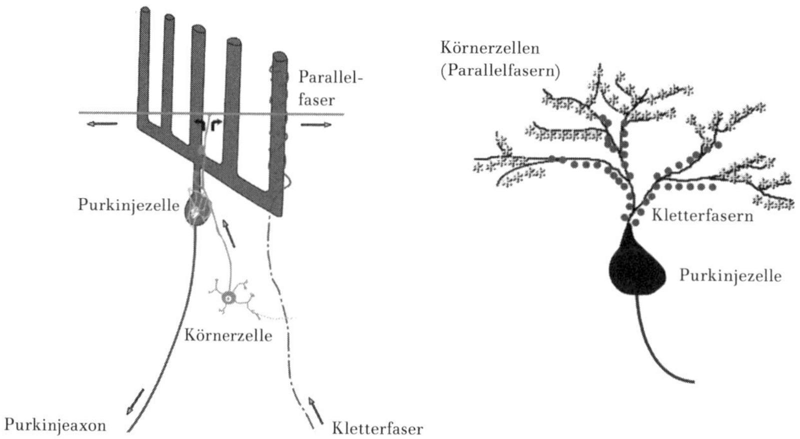

Position der Synapsen am Dendritenbaum der Purkinjezellen, der links schematisch abgebildet ist (graue Säulen). Pfeile geben die Richtung des Informationsflusses an.

(nach Neuweiler 2003)

machen zum Beispiel beim Klavierspielen Fehler, so korrigiert das Kleinhirn die Bewegungsabläufe so lange, bis die neuronale Absicht und der motorische Ablauf identisch sind (siehe Seite 18). Durch Veränderungen an ihren Synapsen prägt sich das Kleinhirn den eingeübten, nunmehr mentalen Absichten entsprechenden Bewegungsablauf ein, so daß der gebildete Bürger nach mehrwöchigem Üben schließlich ohne bewußte Kontrolle der Fingerbewegungen die Goldberg-Variationen von Bach technisch fehlerlos spielen wird. Der neuronale Mechanismus dieser phänomenalen lernenden Zeitmaschine, der Bewegungsabläufe in Zeittakten von Millisekunden kontrollieren und behalten kann, ist bis heute nicht ganz verstanden.

Das Grundelement des Kleinhirn-Mikroprozessors sind die sogenannten Purkinje-Neurone, die topographisch geordnet die Willkürmuskulatur repräsentieren (siehe Seite 16 und oben). Die Nervenfasern der Purkinjezellen enden in den Kleinhirnkernen, die ihrerseits auf die spezifischen Muskeln projizieren, aber auch gleichzeitig dem Mentor im Cortex über Rückkopplungsschleifen berichten, wozu sie welche Muskeln veranlassen möchten. Über die sogenannten Brückenkerne werden den Purkinje-Neuronen über Parallelfasern die im Cortex generierten räumlich-zeitlichen Programme zugespielt, so daß in der topographischen Muskelkarte diejenigen Purkinje-Neurone und damit diejenigen Muskeln in der richtigen zeitlichen Reihenfolge aktiviert werden, die zur Bewegungsumsetzung des Programmes führen.

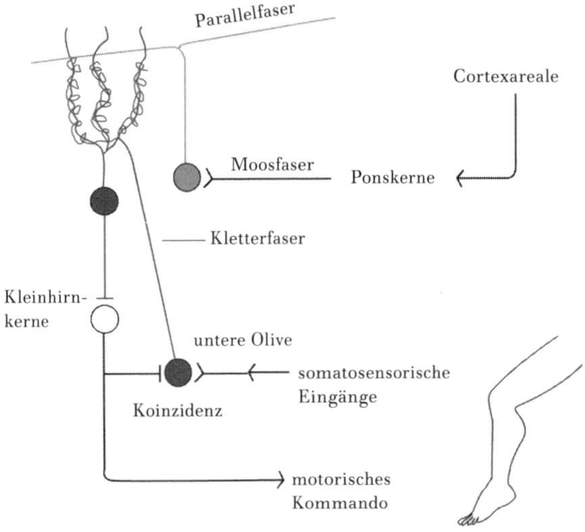

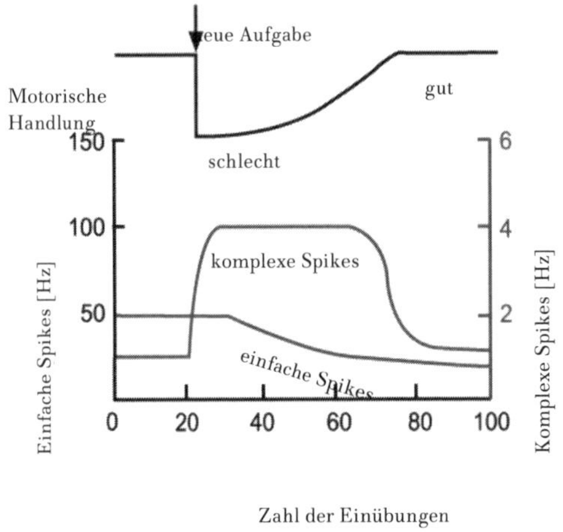

Das Einüben von Bewegungsabläufen

oben: Verschaltungsschema zwischen Purkinjezelle (mit drei Dendritenästen), den Parallelfasern, die vom Cortex erstellte Programme über Ponskerne und Moosfasern einspeisen, und den korrigierenden Kletterfasern (umspinnen die drei Dendritenäste) der unteren Olive. Die Kletterfasern verändern die Synapsenstärke zwischen Purkinjezelle und Parallelfasern so lange, bis in der unteren Olive die Meldungen aus den Kleinhirnkernen genau gleichzeitig (Koinzidenz) mit den somatosensorischen von den Bewegungsorganen ankommen. Dann verstummt die Kletterfaser, und das in den Synapsen Purkinje-/Parallelfaser festgelegte zeitliche Bewegungsprogramm wird als richtig bewertet und festgehalten.

unten: wenn ein Tier eine neue motorische Aufgabe bekommt, wird es diese Aufgabe zunächst schlecht und mit der Zahl der Einübungen immer besser durchführen (gut). Erst wenn die Aufgabe gemäß corticalem Programm gut ausgeführt wird, verstummt die korrigierende Aktivität der Kletterfasern (komplexe Spikes) und die niedrige Aktivität der Purkinjezellen (einfache Spikes) verändert sich nicht mehr.

(nach Neuweiler 2003)

Die Rückmeldung über das, was sich an den Gelenken tatsächlich abspielt, erhalten die Purkinjezellen über die sogenannten Kletterfasern (siehe oben). Diese Kletterfasern spielen den Trainer des Kleinhirns, sie melden Ausführungsfehler. Sind an der Purkinjezelle die Parallelfasern, also das beabsichtigte Programm, und die Kletterfasern, der schimpfende Trainer, ungefähr gleichzeitig aktiv, verändern sich die Synapsenstärken an den Parallelfasern/Purkinjezellen so lange, bis der Trainer schweigt (siehe oben). Das dann erreichte zeitlich-räumliche Muster der Bewegung wird als das richtige, eingeübte konserviert.

Willkürhandlungen, erlernte Handlungsabläufe

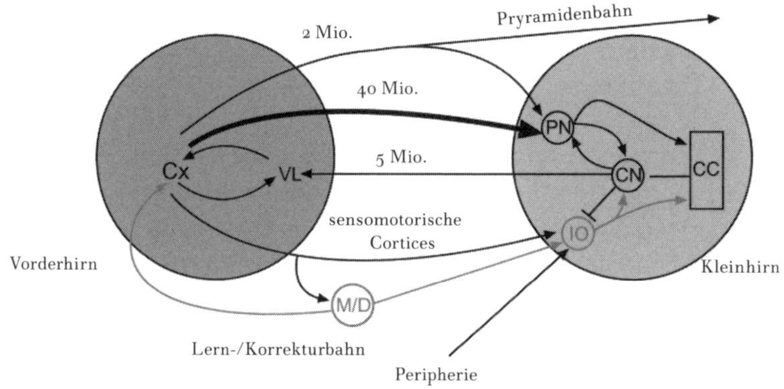

Rückkopplungsschleifen zwischen Vorderhirn und Kleinhirn. In rückwärts und vorwärts koppelnden Schleifen ist das Kleinhirn mit nahezu allen Gehirnteilen verbunden, besonders intensiv mit den motorischen Cortexarealen (Cx). Vom Cortex laufen circa 40 Millionen (Mio.) Nervenfasern über die Ponskerne (PN) und deren Moosfasern in die Kleinhirnrinde (CC). Die Rückschleife verläuft über die Kleinhirnkerne (CN) und den ventrolateralen Kern (VL) des Zwischenhirns zurück zum Cortex (Cx). Eine weitere, wichtige Schleife läuft von den Cortexarealen (Cx) über meso-/diencephale Kerne (M/D) und die untere Olive (IO) als Lern-/Korrekturbahn zum Kleinhirn. Die untere Olive (IO) wird zusätzlich durch sensorische Eingänge aus den handelnden Organen (Peripherie) über den aktuellen Bewegungsablauf informiert. (nach Neuweiler 2003)

Aber wie wird der Trainer, die Kletterfaser, zum Verstummen gebracht? Das geschieht dort, wo die Kletterfasern herkommen, in der sogenannten unteren Olive des Nachhirns (siehe Seite 18).

Dort begegnen sich zwei wichtige Informationen: aus der Peripherie, das heißt von den Gelenken und Muskeln kommen Sinnesinformationen über den letzten Stand der Dinge bei erregenden Synapsen an. Andererseits melden hemmende Synapsen, welchen Zeitrhythmus das Kleinhirn an die Motorik weitergibt. Wenn diese hemmende Meldung nicht synchron mit der Zustandsmeldung aus den Gelenken ankommt, feuert die Kletterfaser los und der Trainer meldet somit einen Fehler. Auf diese Weise wird so lange nachjustiert, bis die Meldung aus der Bewegungsdurchführung mit dem Steuersignal aus dem Kleinhirn in der unteren Olive zeitgleich eintreffen. Wenn dort das Motorikprogramm synchron auf die Meldung über die Bewegungsausführung trifft, hat der Trainer sein Ziel erreicht, neuronales Musterprogramm und Ausführung sind zeitidentisch, der Trainer verstummt.

Bei Primaten und insbesondere beim Menschen ist der laterale Cortexbereich des Kleinhirns enorm vergrößert. Dort werden nicht nur die Finger- und Artikulationsbewegungen in ihrem Zeitablauf kontrolliert, sondern auch andere Vorgänge mit komplexem Zeitprogramm, wie das Planen von Handlungen, planerisches Denken, Kognitionsleistungen et cetera.

Der allgemeine neuronale Programmablauf für die Entwicklung und Durchführung von Handlungssequenzen verläuft von der Intention und Programmerstellung im präfrontalen Cortex zu den Durchführungsbefehlen vom Motorcortex über die Nachhirnzentren zu den Mustergeneratoren im Rückenmark; und das alles unter ständiger Kontrolle der lernenden Zeitmaschine, des Kleinhirns. Das gilt für alle Wirbeltiere einschließlich der Menschen. Wo bleibt die spezifische motorische Intelligenz des Menschen?

Die Pyramidenbahn

Es sei daran erinnert, daß alle corticalen Motorprogramme die Muskelneurone im Rückenmark nur durch die Kerne des Nachhirns erreichen. Bei den Säugetieren bahnt sich eine ganz neue Verbindung ihren Weg von den Neuronen des Motorcortex unter Umgehung des Nachhirns direkt zu den Muskelneuronen des Rückenmarks (siehe Seite 21). Diese direkte Verbindung zwischen Motorcortex und den muskelsteuernden Neuronen, die sogenannte cerebrospinale oder Pyramidenbahn, gewinnt erst bei den Primaten und beim Menschen an Bedeutung. Die Fasern dieser Pyramidenbahn stammen zur Hälfte von großen Neuronen des primären motorischen Cortex und zur anderen Hälfte von prämotorischen Arealen, vor allem vom sogenannten supplementären (ergänzenden) Motorareal, das für die Programmerstellung eines Handlungsablaufes wichtig ist (siehe Seite 23). Bei unseren Primaten-Vorfahren und beim Menschen innervieren diese Pyramidenbahnen vor allem Motorzentren der Hände und Finger. Beim Menschen werden zusätzlich Schulter- und Armmuskeln direkt von diesen Cortexneuronen angesteuert. Durch einen Ast der Pyramidenbahn (corticobulbärer Trakt) werden vor allem die für das Sprechen so wichtigen Gesichts-, Lippen und Zungenmuskeln unter direkte corticale Kontrolle gestellt. Während diese Direktbahnen aus dem Vorderhirn in erster Linie die Mustergeneratoren des Rückenmarks ansteuern, werden diejenigen Motoneurone, die Hand- und Fingermuskeln kontrollieren sogar direkt von diesen Cortexneuronen innerviert. Die Automatik zentraler Mustergeneratoren wird außer acht gelassen

Pyramidenbahn (Corticospinale Bahn)

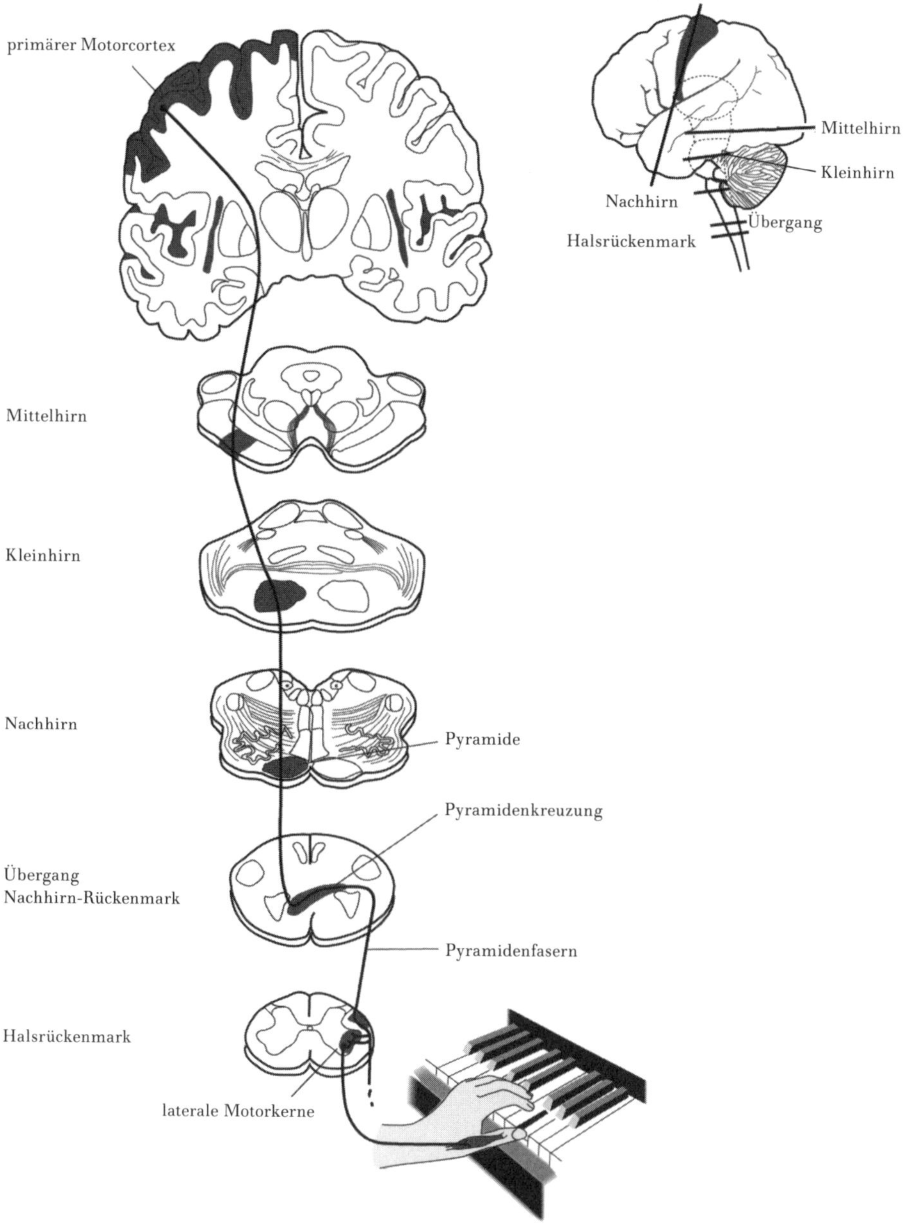

Die Pyramidenbahn erhält bei den Primaten und beim Menschen ein besonderes Gewicht: Fasern der Pyramidenbahn innervieren die Motorneurone der Gesichts- und Handmuskulatur (beim Menschen auch der Armmuskulatur) direkt unter Umgehung der zentralen Mustergeneratoren im Rückenmark. Je dichter die Innervation durch die Pyramidenbahn, desto differenzierter können die betreffenden Muskeln kontrolliert und bewegt werden.

(aus Kandel et al. 2000)

zugunsten direkter, bewußter, willentlicher Kontrolle. Wie wichtig diese direkte Innervation ist, erkennt man daran, daß Affen und wir Menschen die Finger unabhängig voneinander bewegen können; eine Katze, der diese direkte Pyramideninnervation fehlt, kann die Zehen nur gemeinsam bewegen. Vom Schimpansen zum Menschen steigert sich die corticale Innervation der Finger und Hände und vor allem der Sprechmuskulatur des Mundes, der Lippen und der Zunge um ein Mehrfaches, wie deren Repräsentation auf dem Motorcortex eindrucksvoll belegt (siehe Seite 15). Je mehr wir über solche Pyramidenfasern verfügen können, desto größer wird die motorische Geschicklichkeit. Die corticalen Motorneurone repräsentieren nicht einfach einzelne Muskeln, wie die Abbildung suggeriert, sondern ganze Bewegungselemente der entsprechenden Organe. Da wir die Finger- und die ganze Sprechmuskulatur besonders variabel und differenziert einsetzen können, sind dort im Motorcortex besonders viele Bewegungsbausteine repräsentiert. Deshalb nehmen die Neurone für Gesicht und Hände beim Menschen zwei Drittel der Motorcortexoberfläche ein und beim Schimpansen weniger als die Hälfte. Im Vergleich zu den Menschenaffen zeigt diese fast schon groteske Überrepräsentation der Hände und der Gesichtsmotorik, daß aus Hominiden ein ganz neuer Primat, ein ›Manilupations-/Artikulationstier‹ entstanden ist. Alle anderen Körperbereiche sind beim Menschen vergleichsweise dünn innerviert. Die erstaunlich winzige Repräsentation der Beinbewegung scheint Gottfried Benn geahnt zu haben, denn er schrieb in einem Brief an seine Tochter am 13. März 1947: »Ich finde schon Gehen eine unnatürliche Bewegungsart, Tiere laufen, aber der Mensch soll reiten oder fahren.« Der menschliche Motorcortex gibt ihm völlig recht.

Die neue und besondere Bedeutung der direkten Cortexbahn der Bewegungskontrolle wird sofort klar, wenn man bei Primaten das Leistungsprofil der konventionellen motorischen Kontrolle über die Nachhirnkerne dem der Pyramidenbahn gegenüberstellt: Ist die Pyramidenbahn unterbrochen, können die Affen nach einer kurzen Erholungsphase wieder ganz normal laufen und klettern, können aber die differenzierten Fingerbewegungen zum Anfassen und Ergreifen von Gegenständen nicht mehr bewältigen. Ist dagegen die Verbindung zu den Nachhirnkernen unterbrochen, können die Affen nicht mehr gehen, sind aber nach wie vor in der Lage, mit ihren Fingern Futter aus Verstecken herauszupuhlen.

Es muß den Evolutionsbiologen geradezu elektrisieren, daß ausgerechnet diejenigen motorischen Neurone unter direkte corticale Kontrolle gestellt werden, die für die einzigartige Manipulier- und Fingerfertigkeit, für die Mimik und vor allem und zuvörderst für die Artikulationsmuskulatur der Lippen, der Zunge und des Mundraums zuständig sind.

Affe

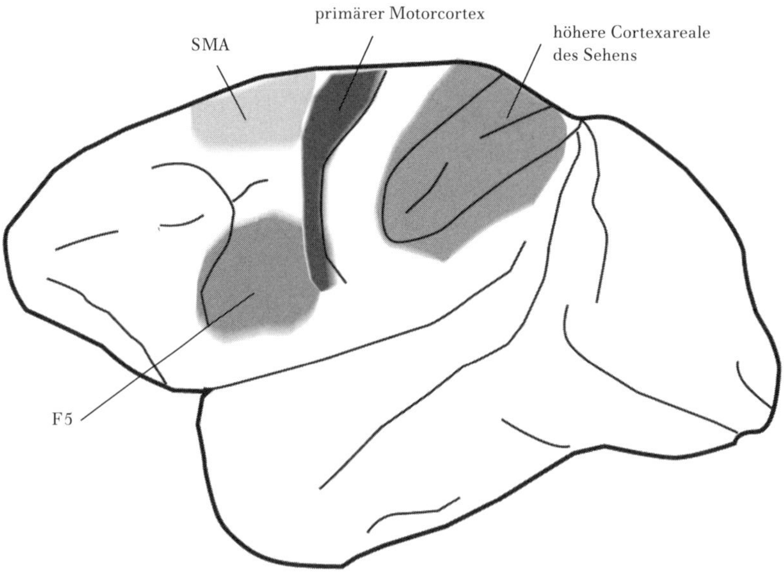

Mensch

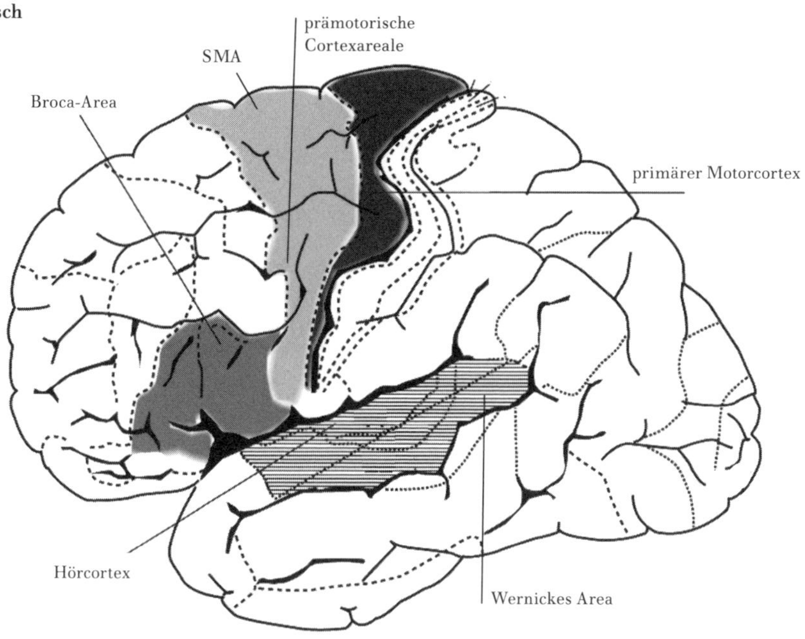

Handlungssteuernde corticale Zentren bei Primaten (Affe) und beim Menschen
SMA (= supplementary motor area) und Cortexareale des Sehens sind eng verknüpft mit motorischen Zentren. Das Areal F5 bei den Primaten entspricht der Broca-Area des Menschen, die ein dominierendes Sprech- und Manipulationszentrum ist. Wernickes Area ist ein wichtiges Zentrum für das Sprachverständnis und die Sprachlexika.

Zunächst einmal ist diese aufregende Besonderheit wiederum nicht humanspezifisch, weil sie sich schon bei unseren Vorfahren, den Primaten, findet. Aber auf dieser Errungenschaft der Primaten baut unsere Sprech- und Fingerfertigkeit auf.

Handlungs- und Spiegelneurone

Auf dem Weg zur motorischen Intelligenz des Menschen müssen wir noch einmal bei Primaten Halt machen, von denen wir am ehesten Anhaltspunkte bekommen, woher die unerschöpflichen Handlungsketten stammen, mit denen unsere Hände Konzertsäle mit komplexesten Klangwelten füllen oder Artikulationsmuskulatur Wissen und Gedanken verbal in endlosen Satzverzweigungen kommuniziert.

Die Handlungsabsichten und die auszuführenden Motorprogramme kommen aus Arealen, die unmittelbar vor dem Motorcortex liegen, den prämotorischen Arealen (siehe Seite 23). Dieser prämotorische Bereich erhält einerseits Eingänge von Assoziationscortices des Stirnhirns, andererseits aber auch von parietalen (seitlichen) Cortexbereichen des Sehens. Diese prämotorisch-parietalen Erregungsschleifen sind von zentraler Bedeutung, weil alle Primaten, und biologisch gesehen ist der Mensch eine Primatenart, Handlungen unter visueller Führung ablaufen lassen. Der Parietalcortex liefert Informationen über den Handlungsraum, seine Gegenstände und die Lage der Handlungsziele.

Bei den Primaten gibt es ein prämotorisches Cortexareal, F5, das für unsere Frage von zentraler Bedeutung ist (siehe Seite 23). Dort sind Neurone, die bei Hand- und Mundbewegungen feuern, und diese Area F5 der Affen ist weitgehend deckungsgleich mit dem Sprechzentrum des Menschen, der Broca-Area (siehe Seite 23).

Handlungsneurone

Die Neurone in der Area F5 der Affen feuern nicht einfach bei irgendwelchen Hand- oder Mundbewegungen. Sie sind vielmehr nur aktiv bei ganz bestimmten zielgerichteten Bewegungsabläufen (siehe rechts), bei Handlungen also, die auf ein Ziel gerichtet sind, das Ergreifen einer Rosine zum Beispiel. Die F5-Neurone sind also keine Bewegungs-, sondern Handlungsneurone, die nur bei ganz spezifischen Handlungen aktiv sind. Der F5-Cortex stellt eine Art Handlungslexikon dar, in dem die wichtigsten Alltagsabläufe verfügbar sind.

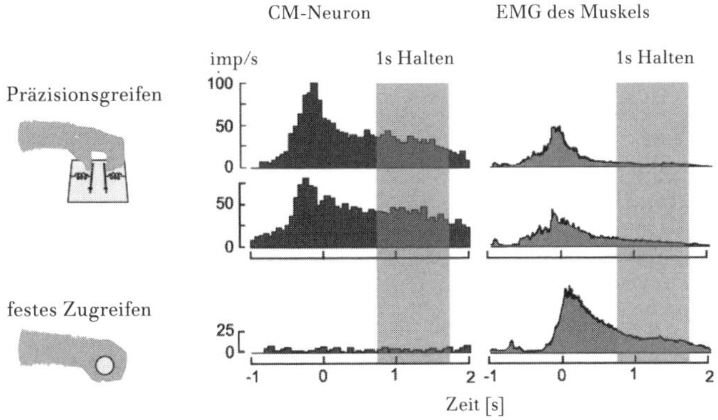

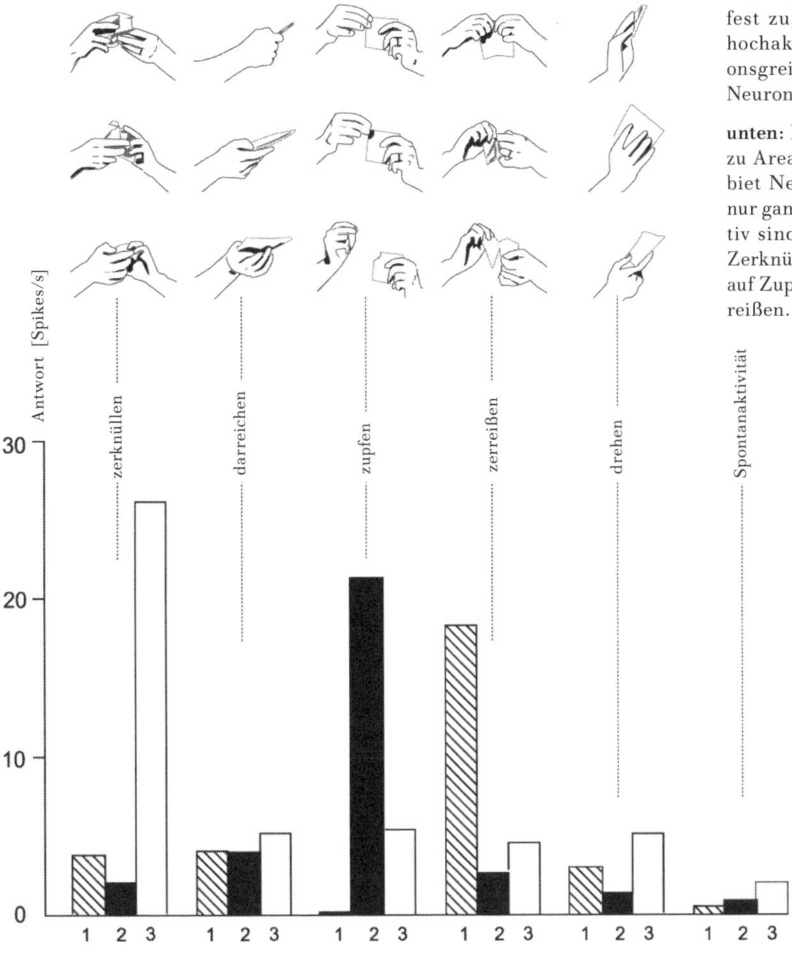

Handlungsneurone

oben: Im corticalen Feld F5 der Primaten gibt es Neurone, die für zielgerichtete Handlungen zuständig sind, vor allem für das Greifen. Gezeigt wird ein Neuron, das nur aktiv ist (imp/s), wenn der Affe mit Daumen und Finger zwei leicht bewegliche (obere Graphik) beziehungsweise schwer bewegliche (untere Graphik) Hebel zusammendrückt. Die Aktivität des Motorneurons (CM-Neuron) und des ausführenden Muskels (EMG des Muskels) ist unabhängig von der aufgewendeten Muskelkraft.
Wenn der Affe mit der ganzen Hand fest zugreift, ist zwar der Muskel hochaktiv, aber das für das Präzisionsgreifen zuständige Neuron (CM-Neuron) bleibt stumm.

unten: Bei Primaten gibt es in einem zu Areal F5 benachbarten Cortexgebiet Neurone, die beim Betrachten nur ganz spezifischer Handlungen aktiv sind. Neuron 3 reagiert nur auf Zerknüllen von Papier, Neuron 2 nur auf Zupfen und Neuron 1 nur auf Zerreißen.

(nach Kandel et al. 2000, Neuweiler 2003)

Die meisten Handlungsneurone repräsentieren das Greifen mit der Hand, wobei sie zwischen der Art des Greifens unterscheiden: Viele Neurone repräsentieren nur das vorsichtige Greifen zwischen Daumen- und Zeigefinger (siehe Seite 25), andere das kraftvolle Zupacken mit der ganzen Hand und so fort. Wieder andere Neurone repräsentieren dagegen das Greifen mit dem Mund oder generell Greifen, egal wie. Neben Greifneuronen gibt es Neurone für das Zerreißen, für das Halten, für das Hinstellen eines Gegenstandes, für das Puhlen oder generell für jede Art der Manipulation eines Gegenstandes. Manche Neurone repräsentieren Fragmente einer Handlung, zum Beispiel das Schließen von Daumen und Zeigefinger. Der F5-Cortex hält also einen Satz von gängigen, zielgerichteten Handlungen bereit, die – zumindest theoretisch – zu beliebigen und in der Länge offenen Handlungsketten verknüpft werden könnten, wie Wörter, die man zu Sätzen zusammenkettet. In einem anderen prämotorischen Areal (SMA) gibt es Neurone für eingeübte, kurze Handlungsketten (siehe Seite 23). Auf dieses Areal werde ich im Zusammenhang mit der Sprache zurückkommen.

Spiegelneurone

F5 enthält noch eine weitere Klasse von Neuronen, die zur Zeit die Neuropsychologen in Atem hält. Für das motorische Erlernen spielt die einfache Nachahmung einer beobachteten Handlung eine wichtige Rolle. Wir lernen diffizile Manipulationen durch Abschauen. Ich erinnere mich noch heute, wie in meiner Werkstudentenzeit ein freundlicher Meister mir geduldig immer wieder und wieder vorführte, wie man eine Feile anzusetzen hat, damit auf dem Werkstück eine glatte Fläche ohne Feilenrillen entsteht. Kinder lernen das Sprechen nicht in erster Linie durch Hören, sondern vor allem durch das Abschauen der Mundbewegungen.

Im F5-Cortex der Primaten gibt es nun viele Neurone, die nicht nur feuern, wenn das Tier eine bestimmte Handlung durchführt, sondern auch dann, wenn es regungslos dasitzt und nur zuschaut, wie ein anderer genau diese Handlung vollzieht (siehe Seite 27). Ein F5-Neuron, das aktiv ist, wenn der Affe mit der Hand ein Objekt ergreift, feuert auf genau dieselbe Weise, wenn es ›zusieht‹ oder auch ›zuhört‹, wie ein anderer Affe genau dasselbe macht oder der Experimentator das Greifen mit der Hand vorführt. Es bleibt jedoch stumm, wenn der Versuchsleiter das Objekt nicht mit der Hand, sondern mit einer Pinzette greift. Diese beobachteten oder ausgeführten Handlungen müssen stets auf ein Objekt gerichtet sein. Fehlt ein solches Objekt, wird also zum Beispiel ins Leere

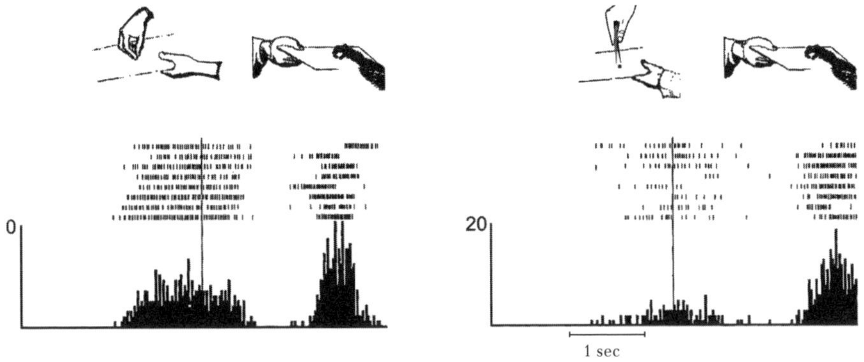

Spiegelneurone sind Neurone aus dem Cortexareal F5 der Primaten, die nicht nur bei der Durchführung einer spezifischen Handlung aktiv sind, sondern auch wenn der Affe zuschaut, wie ein anderer genau diese Handlung durchführt.
Das gezeigte Neuron ist aktiv, wenn der Affe zuschaut, wie der Experimentator eine Rosine ergreift, und ist auch aktiv, wenn der Affe selbst die dargebotene Rosine ergreift. Rechts: ergreift der Experimentator die Rosine nicht mit der Hand, sondern mit einer Pinzette, bleibt das Spiegelneuron stumm. (nach Gallese et al. 1996)

gegriffen, bleiben die Spiegelneurone stumm. Diese Objektbezogenheit bleibt selbst dann bestehen, wenn das Objekt beim Wiederholen hinter einer Sichtblende versteckt wird (siehe Seite 28). Diese Spiegelneurone repräsentieren also ein zielgerichtetes Handlungskonzept, gleichgültig, ob diese spezifische Handlung ausgeführt oder nur beobachtet oder sogar nur in Fragmenten gesehen wird.

Diese im F5-Cortex sehr zahlreichen Spiegelneurone können erklären, warum Nachahmen durch bloßes Beobachten beim Erlernen unserer Geschicklichkeiten eine so dominante Rolle spielt. Es ist inzwischen zweifelsfrei belegt, daß es gerade bei uns, dem Meister-Imitator *Homo sapiens*, solche objektbezogenen Spiegelneurone im entsprechenden Cortexareal, der Broca-Area, unserem Sprechzentrum, gibt. Es sei noch einmal daran erinnert: Wir lernen Sprechen vor allem durch Nachahmen. Inzwischen werden die Spiegelneurone sogar im Zusammenhang mit Autismus diskutiert. Kleine Kinder sind geradezu Weltmeister in motorischer Imitation. Autistische Kinder haben dagegen ein ausgeprägtes Defizit im Nachahmen von Bewegungen und Handlungen und bei der Planung von Handlungen. Einige Untersuchungen beim Menschen sprechen dafür, daß bei autistischen Kindern das Broca-Areal mit den Spiegelneuronen weit weniger aktiv ist als bei normalen.

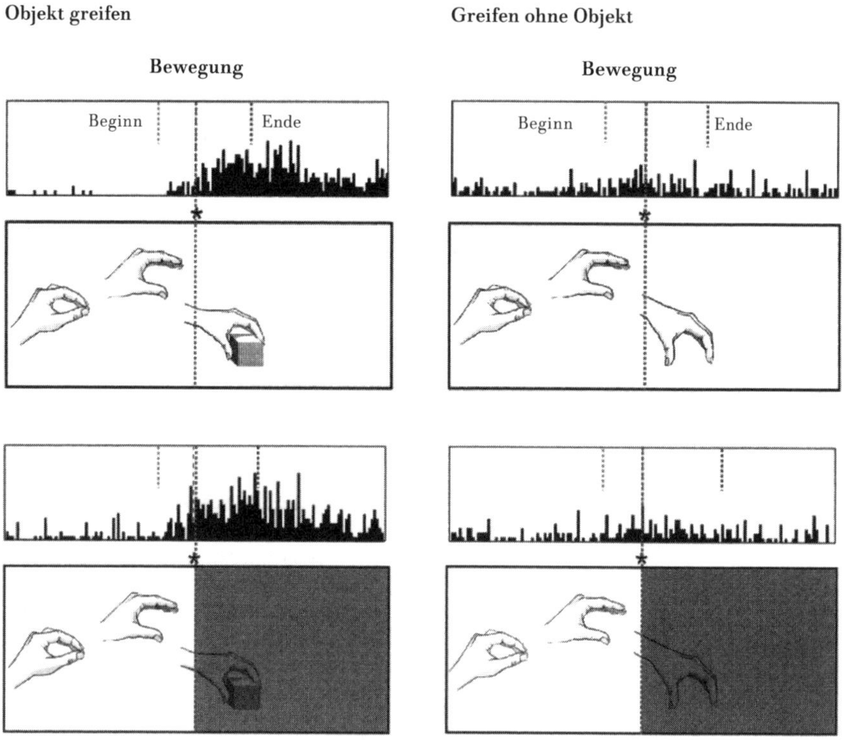

Spiegelneurone sind zielgerichtet und werden nur aktiv, wenn ein Gegenstand gegriffen wird. Greift der Experimentator ins Leere (Greifen ohne Objekt), bleibt das Neuron stumm.
unten: Nach dem unverdeckten Zuschauen läßt sich das Neuron auch nicht durch eine Blende täuschen, das den Gegenstand bzw. dessen Fehlen verdeckt.

(nach Rizzolatti und Luppino 2001)

Die Bühne für den letzten Akt ist jetzt aufgebaut:

Wir haben bei Primaten inklusive dem Menschen ein Cortexareal motorischer Intelligenz, den F5-Cortex bei den Affen und die Broca-Area beim Menschen. Dort wird ein Satz von Handlungskonzepten für die Hände, das Gesicht, den Mund und die Zunge bereitgestellt. Diese Handlungsprogramme können beziehungsweise könnten in variabler Abfolge und im Prinzip in unbegrenzter Länge zu Handlungsketten, komplexen Manipulationen und Mundbewegungen zusammengekettet werden. Für das soziale Lernen gibt es die Spiegelneurone, die uns das motorische Nachahmen erleichtern.

Wenn das so ist, warum können wir Menschen diesen Werkzeugkasten nutzen und unsere Finger in schwierigsten und endlos langen raumzeitlichen Abfolgen in die Klaviertasten greifen lassen? Ein Affe kann das niemals. Warum können wir mit dem Pinsel in der Hand die feinsten Gebilde in präziser Linienführung zu Papier bringen? Ein Affe kann das nicht. Warum können wir Bewegungselemente unserer Arm- und Schultermuskulatur so präzise zu einem Aktivitätskonzert zusammensetzen und *voraus*planen, daß die ballistische Wurfbahn ziemlich genau ins Ziel trifft. Ein Affe kann das niemals, er trifft nicht einmal mit einem Hammer einen Nagel. Warum können wir Laute, Phoneme, rasch zu Worten zusammenketten und Worte zu sich verzweigenden Sätzen aneinanderreihen und ein Affe kann das niemals?

Die neuronale Steuerung von Vokalisationen

Die bislang aufgezählten neuronalen Attribute besonderer Finger- und Artikulationsfähigkeit, der direkte Zugriff des Cortex auf die Motorneurone, die Handlungs- und die Imitationsneurone, gelten für Primaten einschließlich der Menschen. Wo sind also die Neurone, die den Menschen zum sprechenden Primaten machen? Man kann durch elektrische Reizung diejenigen Gehirngebiete identifizieren, von denen aus sich Vokalisationen auslösen lassen (siehe Seite 30). Solche Versuche bei Säugetieren und Primaten führten zunächst zu verwirrenden Ergebnissen, weil von ganz unterschiedlichen Hirnbereichen Vokalisationen ausgelöst werden konnten. Ein Tor, durch das alle Befehle für arteigene Laute hindurchmüssen, ist das sogenannte periaquäduktale Grau (PAG). Nicht nur bei Primaten, sondern bei allen Säugern löst dort elektrische Reizung immer Vokalisation aus. Wo allerdings die Erregungsmuster für die verschiedenen artspezifischen Laute herkommen, ist bis heute nicht klar. Ein zentraler Auslöser solcher Laute ist ein Cortexareal auf der Innenseite jeder Cortexhemisphäre, der Gyrus cinguli. Von dort aus läßt sich fast das gesamte Lautrepertoire eines Affen auslösen. Affen müssen ihre Laute nicht als Jungtiere von ihren Müttern erlernen, die Laute sind vielmehr angeboren. Über die lautgebende Funktion des Gyrus cinguli weiß man beim Menschen wenig, mit Sicherheit werden von dort keine Sprachelemente initiiert.

Bei Primaten müssen allerdings Lautbefehle nicht ausschließlich durch das Nachhirn laufen, weil Neurone des Motorcortex direkt Zugriff auf die motorischen Neurone der Artikulationsmuskulatur bekommen. Laute können bei Affen daher sowohl über das Nachhirn als auch vom motorischen Gesichtscortex ausgelöst werden.

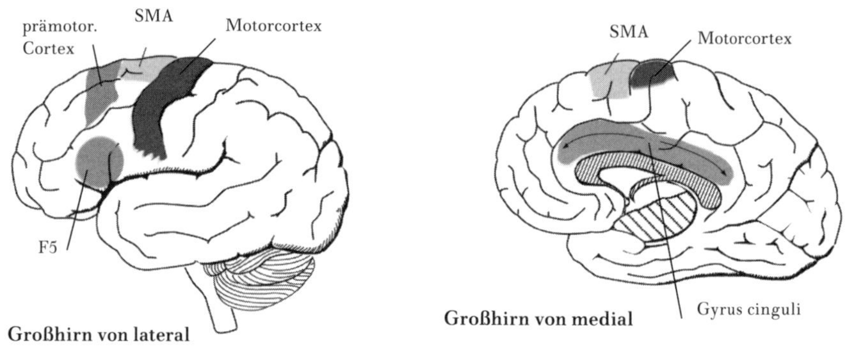

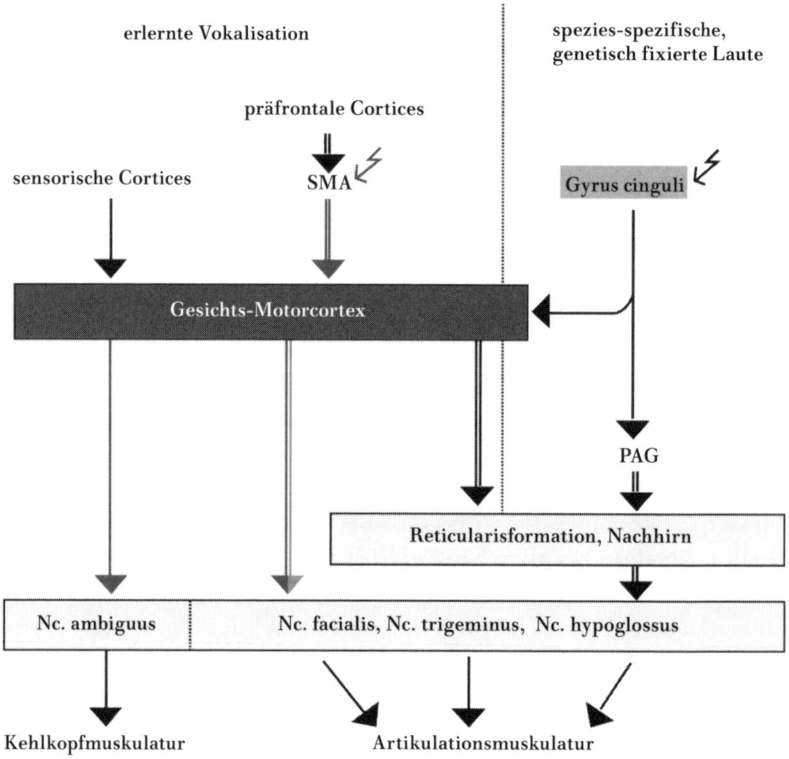

Schema der Sprech- und Vokalisationssteuerung bei Primaten und beim Menschen
rechte Kolumne: die artspezifischen, genetisch fixierten Laute der Primaten lassen sich vom vorderen Gyrus cinguli der Hemisphäreninnenseite des Vorderhirns (Großhirn von medial) durch elektrische Reizung (Blitz) auslösen, nicht aber durch Reizung des supplementären corticalen Areals (SMA). Beim Menschen lassen sich dagegen durch elektrische Reizung von SMA erlernte Phoneme und Silben auslösen, nicht aber durch Reizung des Gyrus cinguli.
Das periaquäduktale Grau (PAG) ist eine Durchgangsstation für Vokalisationsbefehle bei allen Säugetieren und Primaten. Die elektrische Reizung des PAG löst artspezifische Laute aus. Nur bei

Drei Spezifika zeichnen die neuronale Steuerung von Sprechen aus:

1) Beim Menschen ist der Weg über den motorischen Gesichtscortex zur Artikulationsmuskulatur nicht mehr alternativ einsetzbar, sondern obligatorisch geworden: Patienten mit beidseitigen Läsionen des motorischen Gesichtscortex können nicht mehr sprechen und nicht mehr singen. Dieselbe Läsion bei Affen hat keinerlei Auswirkung auf deren Lautgebung. Das Studium der Lautsteuerung bei Primaten liefert deshalb keine Einsichten in die neuronale Erzeugung von Sprache beim Menschen. Auf neuronaler Ebene sind artspezifische Vokalisationen der Schimpansen etwas grundsätzlich anderes als die Sprache des Menschen. Schimpansenlaute sagen nichts aus über die Evolution der menschlichen Sprache. Ohne motorischen Cortex gibt es keine Sprache, wohl aber alle artspezifischen Laute eines Primaten. Wer die evolutive Sprachentstehung verstehen will, sollte sich vielmehr mit der neuronalen Kontrolle von differenzierten Manipulationen bei den Primaten beschäftigen, die von dem Cortexareal F5 mit den Spiegelneuronen gesteuert werden, das dem Sprechzentrum des Menschen, der Broca-Area entspricht (homolog ist).
Es gibt eine weitere humanspezifische Besonderheit:
2) Beim Menschen, und nur beim Menschen, innerviert der primäre motorische Cortex zusätzlich direkt einen Nachhirnkern, den Nc.ambiguus, der die Kehlkopfmuskeln kontrolliert. Dieses Spezifikum der menschlichen Lautkontrolle führt uns freilich nicht viel weiter, weil die Vielfalt der Phoneme, aus der unsere Silben und Wörter bestehen, nicht im Kehlkopf, sondern im Rachen-Mundraum entstehen. Es gibt noch ein drittes, entscheidendes Spezifikum:
3) Reizt man beim Menschen Neurone nicht im Gyrus cinguli, sondern in einem prämotorischen Cortexareal, der SMA, so lassen sich gesprochene Phoneme, Silben auslösen. Reizt man das gleiche Areal bei Affen, erhält man keine einzige Lautäußerung. Die SMA ist also ein Cortexareal, das nur beim Menschen und bei keinem Primaten, geschweige denn Nichtprimaten, Lautäußerungen, das Sprechen, auslösen kann. Ist die SMA zerstört, kann der Patient zwar noch auf Fragen antworten, aber er spricht nicht mehr spontan, er äußert seine Gedanken nicht mehr.

Primaten und beim Menschen gibt es zusätzliche Bahnen vom Motorcortex der Gesichtsmuskulatur zu Kernen der Artikulationsmuskulatur (Nucleus [Nc.]facialis, trigeminus, hypoglossus). Nur beim Menschen lassen sich Sprechelemente durch Reizung der SMA (Blitz) auslösen, und nur beim Menschen steht der Kern der Kehlkopfmotorik, der Nc.ambiguus, unter direkter Kontrolle des Motorcortex. (nach Jürgens 2002)

Ist damit das neuronale Gebiet dingfest gemacht, das aus einem sprachlosen Primaten einen sprechenden Menschen macht? Ja und nein, denn die SMA initiiert nicht nur Sprechen, sondern bei Mensch und Affe auch Handlungen, deren Abfolge erinnert wird. Die Instruktion entsteht bei Affen im Areal F5 und das SMA holt diese Instruktion aus dem Gedächtnis. F5 wird beim Menschen als Broca-Area bezeichnet, wo das Sprechen lokalisiert ist, allerdings nicht nur, sondern auch die Steuerung komplexer Finger- und Handbewegungen. Dieses Cortexgebiet scheint bei Primaten generell die Instruktionen für Handlungen zu generieren, beim Menschen eben auch für das Sprechen. Warum leistet dieses Cortexareal für den Affen nicht dasselbe wie für den Menschen? Weil von F5 keine neuronale Verbindung zur Gesichtsmotorik existiert? Alle Evidenz spricht dagegen.

Nach einer These, die auf W.H. Calvin (1994) zurückgeht, ist der Unterschied zwischen Sprechen und Sprachlosigkeit ein gradueller, der in der Summe zu einer neuen Qualität führt: Primaten können in F5 Handlungselemente zu Handlungsfolgen

a) nur relativ langsam
b) relativ unpräzise
c) in nur überschaubarer Zahl

zu einer zusammenhängenden Handlungsinstruktion zusammenfügen. Deshalb werfen Affen ihre Steine und Äste ins Ungefähre, lernen längere Handlungsabfolgen nur nach langer Einübung und können ihre Phoneme nicht zu Wörtern, geschweige denn fließenden Wortfolgen zusammenketten.

Dasselbe Cortexareal beim Menschen, die Broca-Area, verbindet Handlungselemente der Arme und der Hände ebenso wie der Artikulationsmuskulatur der Kiefer, Zunge und Lippen schnell und sehr präzise zu längeren Handlungsketten. Dieses Verketten geschieht nach Regeln, die ganz ähnlich wie beim genetischen Code einen Satz von Handlungselementen in beliebiger Reihenfolge und in prinzipiell endlosen Folgen verbinden kann. Diese ›Brocafähigkeit‹ wirft einen Ball genau ins Ziel, baut ein Uhrwerk zusammen und erzeugt endlose, sich verzweigende Wortfolgen auch dann, wenn wir sie gar nicht aussprechen, sondern spielerisch, planerisch und stumm in unserem Gehirn ablaufen lassen.

Es ist diese unbegrenzte Kettenbildung motorischer Anweisungen, die uns von unseren Primatenvorfahren unterscheidet, die dieselbe Fähigkeit nur in einem eng begrenzten Rahmen besitzen. Wer die Evolution des Sprechens verstehen will, sollte die arteigenen Vokalisationen außer acht lassen und sich mit den Randbedingungen im Cortexareal F5 beschäftigen, unter denen Primaten manuelle Handlungsfolgen aneinanderketten können. Für die neuronalen Algorithmen, die solche Elementverknüpfungen zu leisten imstande sind, ist es prinzipiell gleichgültig ob sie auf Finger- und Handbewegungen, oder auf Zungen-, Mund- und Gesichtsmuskeln angewandt werden, mit denen wir Phoneme, Silben, Worte und Sätze aussprechen können.

Sprache ist in keiner Weise mit den Lauten von Affen verwandt, wohl aber mit den differenzierten Gesten und Gesichtsausdrücken, mit denen Menschenaffen weit mehr miteinander kommunizieren als durch ihre Laute. Es sei daran erinnert, daß auch wir Menschen unser Sprechen mit ausdrucksvollen Gesten der Hände und mit Mimik begleiten, je nach Temperament und kulturellem Hintergrund unterschiedlich beeindruckend.

Gibt es ein Sprachgen?

Die genetische Forschung hat auf eindrucksvolle Weise den engen Zusammenhang zwischen Sprechen durch die Feinkontrolle der Gesichts- und Mundmuskulatur und der Kommunikation durch Gesten und mit der Feinsteuerung der Hände und Finger bestätigt.

Seit fünf Jahren geistert ein ›Sprachgen‹ mit dem Namen *FoxP2* (die Namen von Genen werden kursiv geschrieben) durch die Wissenschaftsjournale und die Feuilletons. Wo kommt dieses sogenannte Sprachgen her?

In Großbritannien gibt es eine Familie K.E., in der seit Generationen bei etwa der Hälfte ihrer Mitglieder Sprachstörungen auftreten. Die Betroffenen können Wörter nicht mehr richtig formen; vor allem aber haben sie Mühe, Wörter aneinanderzureihen und eine sinnvolle Syntax zu bilden. Deshalb können sie nicht mehr fließend sprechen. Die Koordinierung komplexer Mundbewegungen und die grammatische Sprachabfolge sind tiefgreifend gestört.

Diese Sprachstörung geht auf die Mutation eines einzelnen Gens zurück, des Gens *FoxP2*, dessen Proteinprodukt FoxP2 ein sogenannter Transkriptionsfaktor ist, der andere Gene kontrolliert. Dieses Gen gehört zu einer großen Genfamilie, die es bei allen Wirbeltieren gibt und beim Menschen 43 Gene umfaßt. Die Fox-Gene spielen als Produzenten von Transkriptionsfaktoren eine wichtige Rolle bei der Entwicklung des Embryos, zum Beispiel bei der funktionsrichtigen Entwicklung von Herz, Lunge und Darm. *FoxP2* beteiligt sich bei allen Säugetieren an der embryonalen Entwicklung von Gehirnbahnen und -netzwerken, die für die Kontrolle komplexer motorischer Programme zuständig sind und deren

Erlernen durch wiederholendes Einüben ermöglichen. Fox-Gene sind aber auch im adulten Organismus in verschiedenen Organen aktiv. Generell können Transkriptionsfaktoren je nach Kontext und dem Ort im Organismus, an dem sie exprimiert werden, unterschiedliche Funktionen erfüllen. In der Regel unterdrücken die Fox-Transkriptionsfaktoren die Aktivität anderer Gene.

Das ›Sprachgen‹ *FoxP2* wird bei adulten Säugetieren und beim Menschen beispielsweise in der Leber, im Darm, vor allem aber im Gehirn in den Neuronennetzwerken exprimiert, die mit der Programmierung komplexer motorischer Abläufe zu tun haben, wie zum Beispiel im Kleinhirn und in den Basalganglien des Vorderhirns, die generell Bewegungssequenzen generieren.

Das *FoxP2*-Gen ist an der Kontrolle der Motorik bei allen Säugetieren beteiligt, von der Maus bis zu den Schimpansen, Tiere, die bekanntlich alle nicht sprechen können. Beim Menschen greift der Transkriptionsfaktor FoxP2 unter anderem in die neuronale Kontrolle der Mund- und Gesichtsmuskeln ein, mit deren Hilfe wir sprechen. Der Transkriptionsfaktor wird nicht nur im Kleinhirn und in den Basalganglien aktiv, sondern auch im motorischen Cortex und in der Broca-Area, das uns das Sprechen ermöglicht. Dort werden orofaciale Bewegungen bereitgestellt, die es in dieser Feinabstimmung nur beim Menschen und nicht bei Menschenaffen gibt. *FoxP2* ist dennoch kein Sprachgen, sondern ein bei allen Säugetieren vorkommendes, multifunktionales Transkriptionsgen, das beim Menschen unter anderem in die Kontrolle der Sprechmuskulatur eingreift.

Die Entdeckung dieses Gens und seiner Rolle für komplexe motorische Programme, wozu auch das Sprechen des Menschen gehört, untermauert die These, daß motorische Intelligenz eine unabdingbare Voraussetzung für die Entstehung von Sprache war, und damit für das, was den Menschen vom Tier unterscheidet, seine Kulturfähigkeit und sein kulturelles/zivilisatorisches Erbe.

Schlußfolgerung

Diese einzigartige motorische Intelligenz, dingfest gemacht in den prämotorischen Cortices SMA und Broca-Area und gekennzeichnet durch die Fähigkeit, Handlungselemente in prinzipiell unendlicher Variation zu beliebig langen, sich verzweigenden Ketten zusammenzufügen, ist der Schlüssel zur Menschwerdung.

Neuronale Steuerung manueller Geschicklichkeit und das Sprechen sind eng verwandte, den Menschen charakterisierende Fähigkeiten. Die neuronalen Verkettungsalgorithmen können regelhaft sein und zum Beispiel Worte nach einer Grammatik anordnen, Fingerbewegungen nach einem erlernten Notenbild aufeinanderfolgen lassen et cetera Es ist ganz unerheblich, ob wir die motorische Handlungskette tatsächlich ausführen oder nur ›denken‹, ob wir die Sätze aussprechen oder nur stumm, ›gedanklich‹ Satz an Satz reihen, also überlegen, planen. Evolutionsgeschichtlich entstand unsere Denkkraft, auf die wir zu recht stolz sind, in den prämotorischen Cortices, im F5-Cortex der Primaten, der sich zum Broca-Area des Menschen entwickelte.

Stellen wir dieser humanspezifischen motorischen Intelligenz, Fingerfertigkeit und Sprechen, unsere kognitiven Fähigkeiten gegenüber, so bricht deren Einzigartigkeit Stück für Stück weg, je mehr sich Neuroethologen mit der Kognition bei Tieren beschäftigen. Nur ein paar Beispiele:

Werkzeuggebrauch: Neukaledonische Krähen biegen sich im Experiment gerade Stöckchen zu Haken zurecht, mit denen sie Futter aus einer Röhre angeln. Ich erinnere mich an eine Krähe, die auf der Berliner Königsallee eine Walnuß so lange von einem hohen Laternenpfahl auf den Asphalt fallen ließ, bis sie aufplatzte. Es gibt Fische, die Seeigel mit dem Maul packen und so lange die verletzlichere Seeigelunterseite gegen eine Korallenwand donnern lassen, bis sie zerbricht.

Kategorienbildung: Bienen beherrschen mühelos die Kategorie ›gleich‹ und ›ungleich‹ und transferieren sie von einer Riechunterscheidung (Zitrone versus Mango) auf Farbunterscheidung. Legt man einem trainierten Papagei verschiedenartige Objekte vor und fragt, welches Objekt hat die Farbe A und zusätzlich die Form B, so pickt er zu 76% das richtige heraus.

Soziale Intelligenz: Papageien können auch Anweisungen lernen und anwenden. Weist ein trainierter Papagei den Experimentator an: Hole Futter, und der Experimentator legt einen Spielklotz auf den Tisch, so antwortet der Papagei »no«.

Kooperation: Zackenbarsche schwimmen zu den Verstecken von Riffmuränen und fordern sie durch Schwanzwellen auf, herauszukommen und auf Jagd zu gehen. Sie begleiten die Muräne, und wenn diese auf Futtersuche in Korallenhöhlen und -spalten schwimmt, warten die Zackenbarsche oben, um an kleinen Öffnungen das vor der Muräne fliehende Kleinzeug abzufangen. Putzerfische, die große Fische von ihren Hautparasiten befreien, betrügen oft ihre Kunden, indem sie ihnen ein Stück Haut abknabbern. Wird der Kunde darüber böse, versöhnt ihn der Betrüger durch besonders eifriges Putzen und durch ganz bestimmte Gesten.

Die Beispiele kognitiver und sozialer Intelligenz von den Fischen bis zu den Säugern ließen sich beliebig fortsetzen. Einige Evolutionsbiologen behaupten inzwischen sogar, daß es unter Wirbeltieren keine fundamentalen Unterschiede kognitiver Fähigkeiten gäbe. Demgegenüber ist der Unterschied an motorischer Intelligenz, also an Fingerfertigkeit und Sprechfähigkeit, zwischen Primaten und Menschen, zwischen Tier und Mensch also, klar und unwiderlegbar nachgewiesen.

Vor etwa zwei Millionen Jahren kam es bei Homo sapiens in einem großen Schub zu einer gewaltigen Expansion des Gehirns. Diese Vergrößerung betraf fast ausschließlich die Großhirnrinde und damit auch die Broca-Area. Aufgrund von Kulturfunden sind sich Paläoanthropologen sicher, daß Sprache in menschlichen Gruppen wenigstens seit 50 000 Jahren fest verankert ist. Es gibt Sprachforscher, die als Vorläufer einer verbalen Sprache, wie wir sie heute verstehen, bei unseren Vorfahren, die vor etwa einer Million Jahren lebten, eine manuelle und mimische Zeichensprache annehmen. Sie berufen sich dabei auf zwei unbestrittene Tatsachen: 1) auf unsere phylogenetische Nähe zu den Schimpansen, die sich im Sozialverband hauptsächlich durch Gesten und Mimik und nicht durch Rufe verständigen; und 2) auf die untrennbare Verbindung zwischen Sprechen und Gesten beim Menschen. Wir begleiten unbewußt das Sprechen durch Handbewegungen, und Taubstumme erlernen unglaublich schnell Zeichensprachen. Wie eine Taubstummengruppe in Nicaragua zeigte, können sie spontan eine eigenständige und differenzierte Zeichensprache generieren und sich damit mühelos und schnell verständigen.

Durch unsere jahrtausendealten, christlich geprägten Kulturen sehen wir im Menschen in erster Linie ein geistiges Wesen mit kognitiver Intelligenz, ethischen Wertvorstellungen und kultureller Kreativität: cogito ergo sum. Unter der dichten Krone geistiger Errungenschaften fristet der Körper das Schattendasein einer eher lästigen und nachrangigen Notwendigkeit. Diese Asymmetrie beherrscht, bewußt oder unbewußt, das Denken bis zum heutigen Tag. Die untrennbare Einheit von Körper und Geist und ihre gleichrangige Bedeutung für die kulturelle Entwicklung der Menschheit geriet aus dem Blickfeld. Der menschliche Körper und seine einzigartigen motorischen Fähigkeiten werden gerne in die Welten eines dienenden Handwerks, einer unterhaltsamen Artistik und des Sports und einer reparierenden Medizin abgedrängt. Wie diese Darstellung zeigt, gäbe es ohne unsere spezifischen motorischen Fähigkeiten weder eine Sprache noch ein darauf gegründetes kulturelles und zivilisatorisches, sich exponentiell kumulierendes Erbe. Deshalb wird dem herkömmlichen Intelligenzverständnis ganz bewußt der Begriff der motorischen Intelligenz gegenübergesetzt, denn sie begründet weit mehr als die Kognition die Sonderstellung des Menschen in der Evolution.

Diese Einsicht ist die Frucht vieler Dialoge zwischen einem Komponisten und einem Biologen, zwischen Kreativität und Neugier.

Dieser Text erschien zuerst in anderer Form im Jahrbuch 2002/2003 des Wissenschaftskollegs. Hrsg. Dieter Grimm, Berlin, 2004.

Contiuum

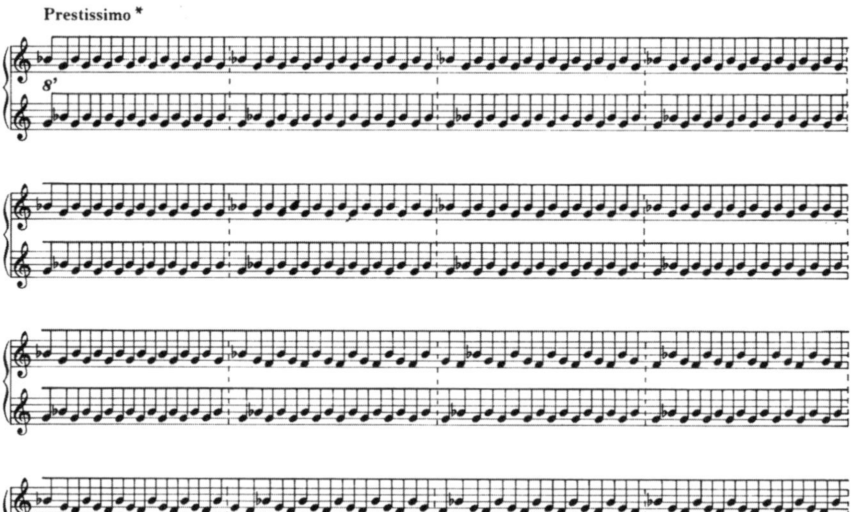

Ausschnitt aus György Ligeti: *Continuum*. Dazu Seite 89.

György Ligeti

Rhapsodische Gedanken über Musik, besonders über meine eigenen Kompositionen

So verschieden die Kriterien für die Künste und die Wissenschaften auch sind, gibt es insofern Gemeinsamkeiten, als die Menschen, die in diesen beiden Bereichen arbeiten, von Neugier angetrieben werden. Es gilt Zusammenhänge zu erkunden, die andere noch nicht erkannt haben, Strukturen zu entwerfen, die bis dahin nicht existierten. Daß dabei die Wissenschaftler von beobachteten Fakten ausgehen, während die Künstler Welten gleichsam aus dem Nichts erschaffen, stimmt nur eingeschränkt. Beruhen auch die experimentellen Wissenschaften zum Großteil auf Fakten, trifft dies für die »präziseste« Wissenschaft, nämlich die Mathematik, nicht zu, da in diesem Bereich mehr oder weniger willkürlich aufgestellte Spielregeln gelten. Echte Spiele, etwa Schach, oder religiöse Riten gehören weder zur Wissenschaft noch zur Kunst. Doch gibt es in mehreren Künsten, so in der Musik, Analogien zu den Spielen und Riten: Die Verknüpfungsregeln haben sich allmählich geschichtlich ausgebildet und sind durch den jeweiligen kulturellen Kontext, als Konventionen, bedingt.

Auch zwischen den natürlichen Sprachen und der Musik gibt es Analogien, manchmal auch Überlappungen. Ist eine mathematische Struktur mehr oder weniger konsistent, gilt für die natürlichen Sprachen die Bedingung der Konsistenz nicht, sie bilden vielmehr lückenhafte Systeme. Ähnlich lückenhaft sind die verschiedenen musikalischen Grammatiken. In der europäischen kulturellen Tradition neigen wir dazu, zwischen Sprache und Musik scharf zu unterscheiden. In ihrer akustischen Erscheinung sind die Phoneme, vor allem die Konsonanten, stark geräuschhaft, haben also aperiodische Schwingungsformen. Unter »musikalischem Klang« versteht der Europäer vor allem Klangspektren aus überwiegend periodischen Schwingungen – das gilt aber nicht für alle Kulturen.

Überhaupt bedeutet der Begriff »Musik« in verschiedenen Kulturen oft Verschiedenes, deshalb ist die häufig gestellte Frage »Was ist Musik?« nur kontextabhängig zu beantworten. In den Bantu sprechenden Kulturen, in denen die Tonhöhe semantische Funktion hat, kann man mit Musik »sprechen«. In diesen Kulturen ist »Musik« kein gesonderter

Begriff, entweder fällt sie mit der Sprache zusammen oder mit Mustern aus sich verändernden Muskelspannungen (im Tanz und im Instrumentalspiel). Chinesisch und Vietnamesisch sind ebenfalls Intonationssprachen wie Bantu, doch verhalten sich in diesen beiden asiatischen Kulturen die Bereiche »Sprache« und »Musik« anders zueinander: In gesungenen Texten muß zwar die Melodie der sprachlichen Intonation folgen, doch sind Musik und Sprache getrennte, aus verschiedenen Traditionsketten stammende kulturelle Muster.

Wenn man versucht, die Musik als eine akustische Kunstgattung zu definieren, stößt man auch auf Schwierigkeiten. Wohl sind Schallwellen, also periodische oder aperiodische Luftdruckschwankungen, Träger von Musik, aber die Musik ist qualitativ auf einer anderen Ebene angesiedelt als auf der akustischen. Als Modell kann der Qualitätssprung Pixel/Bild dienen. Farbige Punkte oder Bildelemente blitzen auf und erlöschen auf dem Fernsehschirm, doch verlassen sie nie ihren Platz. Die starren Pixel sind Träger des beweglichen Bildes, das Bild auf dem Fernsehschirm existiert aber als Supersignal auf der nächsthöheren Wahrnehmungsebene.

Eine natürliche Sprache als akustische Sequenz verhält sich anders zur Schrift, also zur optischen Notation, als die erklingende Musik zur notierten. Eine vertraute Schrift wie die lateinische können wir stumm lesen, wir verstehen den Inhalt auch ohne die Vergegenwärtigung der akustischen Erscheinung. Das ist eine Frage von Bildung, also Routine – Ungebildete lesen laut. Doch eine mehrstimmige notierte Musik ist von einem Leser »laut« nicht darstellbar, und »leise« bleibt sie eine Abstraktion. Die musikalische Notation ist ein Code, der zwischen dem Komponisten und dem Interpreten vermittelt, nicht zwischen dem Komponisten und den Hörern.

Die in Europa seit etwa vier Jahrhunderten benutzte musikalische Notation in Fünfersystemen, Tonhöhen, Notenwerten und Taktstrichen ist relativ neu. Noch im europäischen Mittelalter wurden Neumen verwendet, die bloß die Richtung der melodischen Bewegung angaben, die Tonhöhen nur andeutungsweise und den Rhythmus gar nicht, obwohl die Musik auch damals aus definierten Tonhöhen und rhythmisch-metrischen Strukturen bestand. Es wurden mehr Informationen oral vermittelt, als es in der heutigen Musikkultur der Fall ist.

Auch heute gilt im Bereich des Jazz hauptsächlich die orale Vermittlung aufgrund von stilistischen Gewohnheiten. Mehrere außereuropäische polyphone Traditionen, so die georgische Polyphonie im Kaukasus und die pygmäische im afrikanischen Regenwald, werden ausschließlich oral weitergegeben, obwohl sie kaum weniger komplex sind als die großen europäischen polyphonen Traditionen.

Wir wissen nicht, warum sich in einigen Kulturen die musikalische Struktur in Richtung Polyphonie entwickelt hat, in anderen nicht. Die polyphonen Kulturen (außer in Europa auch in der südlichen Hälfte Afrikas, in Neuguinea und Melanesien), so großartig sie auch seien, sind keineswegs reicher als die bedeutenden einstimmigen oder heterophonen Kulturen, etwa die nordindische oder die islamische. Die rhythmische Struktur und auch die Intonation sind zum Beispiel in der islamischen Musik wesentlich facettenreicher, raffinierter als in der europäischen. Ohne diese besondere Musiksprache gelernt zu haben, ist für einen Europäer der Reichtum der feinen Akzentverlagerungen und Mikrointervalle in der islamischen Musik nicht zugänglich.

Im Bereich der Metrik, das heißt in der Verteilung der Akzente, denkt der Europäer vor allem in symmetrischen Gruppierungen. Seit dem späten 16. Jahrhundert haben sich Takte, Taktlinien, »schwere« und »leichte« Taktteile etabliert. Das führte zu einer Unifizierung der Metrik. Früher, im 14. und 15. Jahrhundert, war die europäische Musik zwar auch metrisch gegliedert, doch konnten in verschiedenen Stimmen verschiedene Metren koexistieren. Oft war die Metrik zweideutig durch Hemiolenbildung (das heißt durch die schillernde Simultaneität von 6 = 2 + 2 + 2 und 6 = 3 + 3). Hingegen sind in den balkanischen und anatolischen Musikkulturen die metrischen Verteilungen oft asymmetrisch, und das gilt auch für den gesamten Maghreb. Statt Dreier- und Vierer-Metren gibt es auf dem Balkan auch Fünfer- und Siebener-Metren, also 3 + 2, 4 + 3 und so weiter, und auch Aufteilungen einer Einheit in nicht genau meßbare, mitunter irrationale Brüche. Der griechische Musikwissenschaftler Thrasybulos Georgiades führte diese asymmetrische Metrik auf die Eigenheiten der antiken griechischen Versmaße zurück. Andere Wissenschaftler, so der Rumäne Constantin Brăiloiu, der das Phänomen mit dem türkischen Wort für hinken »Aksak« bezeichnete, bevorzugen die Ableitung dieser Rhythmen aus motorischen Gestalten, zum Beispiel aus asymmetrischem Stampfen, und nicht aus sprachlichen Akzentverteilungen.

Ähnliche und doch in ihrer Erscheinung anders wirkende Asymmetrien kommen in einigen lateinamerikanischen Tanzmusiken vor, in Gegenden, in denen die aus Afrika stammenden Schwarzen leben. So findet man in der kubanischen Rumba sowie in einer Anzahl anderer karibischer Tänze Achtertakte, aber asymmetrisch gegliedert (zum Beispiel 8 = 3 + 3 + 2), mitunter auch Zwölfertakte (zum Beispiel 12 = 4 + 3 + 2 + 3). Die ursprünglichen afrikanischen Modelle – sowohl vom Golf von Guinea, also von der Meeresküste, als auch vom ganzen Binnenland in der südlichen Hälfte Afrikas – kennen aber den Begriff des »Taktes«

nicht. In all diesen afrikanischen Musikkulturen verläuft das rhythmische Geschehen auf drei getrennten Ebenen: Es gibt große Einheiten, Perioden, die immer gleich lang wiederkehren, in der mittleren Ebene sind diese Perioden asymmetrisch geteilt, und in der untersten Ebene gibt es eine sehr schnelle, gleichmäßige Pulsation (im Extremfall zwölf pro Sekunde), die nicht gespielt, nur gefühlt wird. Die mittlere, asymmetrische Ebene läßt sich auch gleichmäßig ausfüllen, zum Beispiel durch gleichmäßiges Händeklatschen, doch wird das meist nicht realisiert, bleibt implizit. Wenn ausgeführt, dann fallen einzelne Schläge zum Teil in die Lücken zwischen den tatsächlich gesungenen oder gespielten Tönen.

Gerhard Kubik hat im Königreich Buganda (im südlichen Teil Ugandas) mehrstimmige Xylophonmusik aufgenommen, in der die schnelle Pulsation – obwohl von den einzelnen Spielern nicht gespielt – hörbar ist, durch die verschobene Simultaneität zweier melodischer Sequenzen: Die Verzahnung (»interlocking«) der beiden Abläufe in Phasendifferenz ergibt für unsere Hörwahrnehmung eine einzige superschnelle Sequenz, bis zur Metronomzahl 600 und darüber. Ähnliches gibt es durch die Übereinanderschichtung zahlreicher hoquetusartiger, das heißt zerhackter, diskontinuierlicher Einzelstimmen in der zentralafrikanischen polyphonen Orchestermusik (zum Beispiel bei den Banda-Linda, aufgenommen von Simha Arom).

Es könnte zutreffen, daß die Metrik, also die Verteilung der Akzente, nicht nur von Tanzformen oder anderen motorischen Mustern abhängig ist, sondern, wie Georgiades das interpretiert, auch von gesprochenen Sequenzen. Was Adorno in der europäischen Klassik und Romantik als »sprachähnlich« beschreibt, vornehmlich in der Instrumentalmusik Beethovens, kann mit dem akustischen Duktus der deutschen Sprache (in Wort und Satzakzentuierung) als deckungsgleich empfunden werden. Das bezieht sich auch auf einige andere europäische Sprachen, in denen die Akzente auf verschiedene Silben oder Wortteile fallen, also auch auf die italienische, obwohl eine Melodie Bellinis grundsätzlich anders strukturiert ist als eine Beethovens oder Schuberts. Anders verhält es sich mit dem Französischen und Englischen. Wegen der vielen zweisilbigen Wörter ist die englische Sprache rhythmisch biegsam und chamäleonhaft veränderbar, deshalb für Jazz und Pop besonders geeignet: Synkopierungen lassen sich leicht sprachlich herstellen. Das Französische ist hingegen extrem rigid: Die letzte Silbe des Wortes oder der Wortgruppe wird stark betont und auch gedehnt. (Eigentlich handelt es sich um die vorletzte Silbe, die letzte ist fast stumm oder wird nur angedeutet.) Die anfänglichen Schwierigkeiten bei der Rezeption der Musik von Debussy und Ravel im germanischen Sprachraum und der von Richard Strauss und Mahler, auch Bruckner, im französischen wurden vielleicht durch diese Eigenheiten der Sprachen mitverursacht.

Noch rigider als Französisch sind Tschechisch und Slowakisch, doch auf entgegengesetzte Weise: Der Wortanfang (auch der bestimmte Artikel als Präfix) wird stark akzentuiert und die Akzente bedeuten keine Dehnung wie in den sonstigen indoeuropäischen Sprachen; sie können lang, aber auch ganz kurz sein. Die Opern von Janáček, wunderbare Werke im tschechischen Original, wirken in Übersetzungen oft unfreiwillig komisch.

In meiner nicht-indoeuropäischen Muttersprache, im Ungarischen, sind ebenfalls die ersten Silben akzentuiert, aber weniger hart als im Tschechischen. Die Monotonie des Ungarischen wird vor allem durch die Vokalharmonie verursacht. Etwas »flacher« als im Ungarischen sind die Akzente im verwandten Finnischen, noch flacher im (nichtverwandten) Japanischen. Diese »Flachheit« der japanischen Akzentverteilung läßt wiederum einen großen Reichtum der Stilisierung in der Intonation zu: Die Sprachmelodie in den traditionellen japanischen Theatergattungen wie No und Kabuki ist von einer stilisierten Expressivität, wie sie in den europäischen Sprachmelodien undenkbar wäre.

Eine Eigenheit der europäischen Tradition sind die Klauselbildungen: stereotype melodische Wendungen (meist Leitton zu Finalis) am Ende von Phrasen. Diese Neigung zu festen Klauseln war um 1200, in der Notre-Dame-Zeit, noch nicht ausgeprägt, doch wuchs sie allmählich während der nächsten zweihundert Jahre von Perotinus bis Machaut und Ciconia; ab Dufay, also ab 1450, wurde sie beherrschend. Die Ausbildung der Tonalität ist eine eminent europäische Erscheinung und wurde von der Klauselbildung bedingt: Der zur Finalis strebende Leitton wird als große Terz eines »Dominantakkords« aufgefaßt, die darauf folgende Finalis bildet den Grundton des Tonikadreiklangs. Auf diese Weise wurde die Klausel »Leitton-Finalis« zur mehrstimmigen tonalen Kadenz ergänzt. In der späteren Entwicklung (etwa ab 1600) konnte jede Dreiklangsterz zum Leitton erhöht werden; das führte zum System der Nebendominanten und zur Modulation.

Die europäischen Komponisten, bei denen die Tonalität, also die Kadenzbildungen aus Dominantakkorden und die Modulationen aus Nebendominantakkorden; in der perfektesten Balance und in der reinsten Form erscheinen, sind Haydn und Mozart. Bei Bach war die Balance noch prekär, Modulationen stammten noch oft von »gewaltsam verbogenen« melodischen Formeln, bei Schubert wiederum ist die Alleinherrschaft der tonalen Kadenz wegen der häufigen Terzrückungen in den Grundtönen der Akkorde geschwächt.

Dafür war aber die Musik Bachs – und noch deutlicher Vivaldis – in ihrer rhythmisch-metrischen Artikulation ausbalanciert. Die Bach-Söhne, dann die Mannheimer und vollends Haydn haben die »barocke« Kontinuität zerstört. Haydns so perfekte tonale und modulatorische Gebilde sind völlig außer Balance in ihrer rhythmischen Artikulation: Rhythmische Gestalten kontrastieren in derselben thematischen Gruppe.

Spätestens seit Chopin ist die Modulatorik, die Rolle der Nebendominanten, so wuchernd, daß sich das feste tonale Rückgrat auflöst. Das erste atonale Stück der Musikgeschichte ist vielleicht der Prestissimo-Schlußsatz der b-Moll-Sonate Chopins. Zu Wagner nur ein Schritt. War Wagner noch tonal? Im *Tristan* etwa? Es gibt da fast nur noch Nebendominanten, alles ist so extrem tonal organisiert, daß die Tonalität als Gerüst verschwindet. Die Konsequenzen lassen sich bei Reger, Richard Strauss, Skrjabin, Schönberg finden.

Debussy ging den entgegengesetzten Weg: Bei ihm gibt es kaum noch Kadenzen, kaum noch Nebendominanten oder Leittonbildungen. Wagner hat die Tonalität durch Überhäufung zerstört, Debussy durch Aussparung. Auch die »Vorwärtsrichtung« des tonal-harmonischen Geschehens hat Debussy abgeschafft: Seine Klavierstücke *Cloches à travers les feuilles* und *Pagodes*, sein Orchesterstück *La Mer* zeigen Einflüsse der javanischen und balinesischen Gamelanmusik. Südostasien, mit einer nichtkadenzierenden musikalischen Konzeption, bedeutete für Debussy eine ähnliche Befreiung wie die japanischen Stiche für die Malerei van Goghs. Am radikalsten verfuhr Debussy in seinem Ballett *Jeux*: Der Formverlauf ist »vegetativ«, wuchert, aber entwickelt sich nicht. Strawinsky führte diese Formidee weiter mit der kontrastierenden Juxtaposition geschlossener Blöcke, mit musikalischen Collagen, filmartigen »cuts«, besonders seit seinen *Symphonies d'instruments à vent.*

In meiner Jugend war ich von der Beethovenschen Formkonzeption Bartóks beeinflußt und hatte keine Ohren für die Debussysche Form. Schon als Kind stellte ich mir neue Musikstücke vor, beim Einschlafen, beim Spazierengehen, Musik von Anfang bis Ende, wie sie auf Schallplatten erklingt (als einziges Instrument hatten wir zu Hause ein Grammophon). Ich dachte, alle Kinder stellen sich Musik vor. Als sich viel später herausstellte, daß das nicht immer der Fall ist, war dies einer der Gründe dafür, daß ich mir vornahm, später vielleicht Komponist zu werden.

Während meines Kompositionsstudiums dachte ich noch in den klassischen Kategorien von thematisch-motivischer Arbeit und Durchführung. Debussy wurde in Budapest oft gespielt (Strawinsky selten), mir schien aber Debussy altmodisch und Bartók modern wegen der Anhäufung von kleinen Sekunden. Die Ideologie der Modernität war ein politischer Gestus des Protests gegen das Verbot der »entarteten Kunst« sowohl während der nationalsozialistischen als auch später während der kommunistischen Diktatur. Debussy war genauso verboten wie Schönberg (und auch Bartók!), dennoch beschäftigte er mich zunächst weniger – wegen seiner auf Terzschichtungen beruhenden Harmonik. Schönberg, Berg, Webern kannten wir nur vom Hörensagen, ihnen haftete wegen ihrer Atonalität die Aura des am meisten Verbotenen an, und sie wurden dadurch zu Helden.

Erst um 1950, als siebenundzwanzigjähriger junger Dozent für traditionelle Harmonielehre und Kontrapunkt an der Budapester Musikhochschule, fing ich an, gegen Bartók und gegen die thematische Arbeit zu rebellieren. Ein Modell der nichtthematischen, »nichtarbeitenden« Musik war das Vorspiel zu Wagners *Rheingold* (Schönbergs »Farben«-Stück kannte ich damals nicht). Wagners *Rheingold*-Vorspiel führte mich, über den Umweg des *Parsifal*, zum Verständnis der Modernität Debussyscher Formen. Die Statik dieser Formen verband sich in meiner Vorstellung mit Vibration und Irisieren.

Während meiner allmählichen inneren Loslösung von Bartók in der ersten Hälfte der fünfziger Jahre komponierte ich dennoch vorwiegend unter seinem Einfluß: Die nicht-bartókschen statischen Musikformen konnte ich zunächst nicht notieren, ich war allzusehr im Taktdenken verhaftet. 1956 schrieb ich dann meine erste »taktlose« Partitur, das Orchesterstück *Víziók* (Visionen). Es war nicht nur eine Musik ohne Metrik, auch Melodien, Rhythmen, Harmonien fehlten: Es gab dafür chromatisch ausgefüllte Blöcke. Die interne Vibration entstand durch Interferenzmuster aus den Schwebungen der sich dicht gegeneinander reibenden Stimmen.

Ende 1956 verließ ich Ungarn und ging nach Köln, um im Studio für elektronische Musik des Westdeutschen Rundfunks zu arbeiten. Obwohl ich das Komponieren mit elektronisch erzeugten Klängen 1959 aufgab, waren für meine späteren orchestralen und vokalen Werke die Studioerfahrungen entscheidend. Es gab dort die Möglichkeit, komplexe Klangstrukturen aus einzelnen – aus Sinustönen gebildeten – Schichten zu montieren. Das im Studio Gelernte habe ich dann mit meinen kontrapunktischen Kenntnissen aus der Budapester Zeit kombiniert. Von den großen alten Meistern der Polyphonie hat mich damals vor allem Ockeghem beeindruckt: Bei ihm gibt es stagnierende Strukturen, da sich die Einzelstimmen stets überlappen, ähnlich sich überschlagenden Wellen. Meine Orchesterstücke *Apparitions* (1958–59) und *Atmosphères* (1961) wie auch das *Requiem* (1963–65) bestehen aus vielschichtigen polyphonen Netzgebilden mit Interferenzmustern; diese irisierende Technik habe ich damals »Mikropolyphonie« genannt, »übersättigte Polyphonie« wäre noch adäquater.

Im weiteren Verlauf der sechziger Jahre habe ich diesen Weg nicht mehr verfolgt: Ich wäre in klischeehafte Wiederholungen geraten. Ich neige dazu, Künstler, die eine einzige Verfahrensweise entwickeln und dann lebenslang dasselbe produzieren, nicht so hoch einzuschätzen. In meiner eigenen Arbeit bevorzuge ich es, Verfahren immer neu zu überprüfen, zu modifizieren, eventuell zu verwerfen und durch andere Verfahren zu ersetzen. In den Wissenschaften, in der Grundlagenforschung, wirft jedes gelöste Problem eine Unzahl neuer Probleme auf. In den Künsten, in denen ganz andere Kriterien gelten, gibt es keine Probleme, wohl jedoch Lösungen: verschiedene Vorstellungen und deren verschiedene Verwirklichungen.

Die Interferenz- und Strömungsmuster, mit denen ich in den späten fünfziger und frühen sechziger Jahren gearbeitet habe, führten mich, sobald realisiert, zu ganz anderen Vorstellungen. Ich begann, in die irisierenden Flächen allmählich rhythmische und melodische Submuster einzubauen. In drei Jahrzehnten führte mich dies zu Kompositionen mit extrem vertrackter Polyrhythmik, etwa in meinem Klavierkonzert aus der zweiten Hälfte der achtziger Jahre.

Nun habe ich keine feste Vorstellung, wohin das alles tendieren wird: Ich habe keine endgültige Zukunftsvision, keinen Generalplan, sondern taste mich von Werk zu Werk in verschiedene Richtungen vor, wie ein Blinder im Labyrinth. Sobald ein weiterer Schritt erfolgt ist, ist er bereits Vergangenheit, und dann gibt es eine Vielzahl von denkbaren Verzweigungen für den nächsten möglichen Schritt.

Ist dieser nächste Schritt willkürlich? Die Frage betrifft auch den Wert eines Kunstwerkes innerhalb einer Kultur, das heißt innerhalb von geltenden Konventionen. Unterwerfe ich mich völlig der Konvention, ist mein Produkt wertlos. Stehe ich außerhalb jeglicher Konvention, ist es sinnlos. Die Erneuerung der Künste bestand jeweils aus einer graduellen Modifikation des schon Existierenden. Turner etwa hat Landschaftsbilder von Claude Lorrain kopiert, dann die Himmel- und Wolkenhintergründe von Lorrain als alleiniges Material für seine atmosphärischen, aufgelösten Bildkompositionen verwendet. Monet konnte aufgrund von Turners Neuerungen »Bewegung« malen: Meer, Bäume, Licht ohne zeichnerische Konturen, nur aus Farben. Cézanne hat die Monetsche Farbentechnik auf statische Raumgebilde übertragen: Die Bewegung kommt zum Stillstand, obwohl die Konturen nur aus reiner Farbe bestehen und nicht zeichnerisch sind. (Unmittelbar beeinflußt war Cézanne eher von Pissarro, dessen Maltechnik sich parallel zu den Techniken

Manets und Monets entwickelt hatte.) Picasso wiederum hat, in seiner kubistischen Periode, Cézannes Statik und Tektonik zur geometrischen Stilisierung modifziert. Mondrian schließlich reduzierte diese geometrische Stilisierung zu Flächenaufteilungen mit »vibrierenden« Balkenstrukturen. Dieser Weg »von Lorrain zu Mondrian«, den ich hier skizziert habe, wurde aber von mir ganz willkürlich entworfen, beliebige andere Verkettungen wären aufzeigbar, es geht nicht um historische Notwendigkeit, sondern um »Schritte auf dem Schachbrett«.

Was die Einbettung meiner eigenen Arbeit in die Tradition betrifft, habe ich bereits den Wechsel von der Vaterfigur Bartók zu Debussy geschildert. Mahler und die Wiener Schule waren für mich ebenfalls bedeutungsvoll, instrumentengerechtes Denken habe ich aber vor allem von Strawinsky gelernt. In meiner »mikropolyphonen« Phase waren für mich die Niederländer des späten 15. und frühen 16. Jahrhunderts Vorbilder, doch während der achtziger Jahre zog mich immer mehr die rhythmisch-metrische Komplexität der vorangegangenen Periode an, der Zeit der Mensuralnotation: Ich begann, mich mit der Musik von Machaut, Solage, Senleches, Ciconia, Dufay zu beschäftigen, und zog aus dieser Beschäftigung – indirekt, da es nicht um stilistische Einflüsse ging, sondern um technische Verfahren – viel Nutzen, so für meine Klavieretüden, mein Klavierkonzert und die *Nonsense Madrigals*, alles Werke aus der zweiten Hälfte der achtziger Jahre. Das bedeutete für mich auch die Aufgabe der Mikropolyphonie zugunsten einer mehr geometrisch-zeichnerischen, rhythmisch »mehrdimensionalen« Polyphonie. Unter »mehrdimensional« verstehe ich hier nichts Abstraktes, sondern die akustische Vortäuschung einer Raumtiefe, die im Musikstück selbst nicht objektiv vorhanden ist, aber in unserer Wahrnehmung gleichsam als ein stereoskopisches Bild entsteht. Zum ersten Male habe ich solche akustischen Illusionen im Cembalostück *Continuum* (1968) realisiert, und zwar beeinflußt von der Graphik Maurits Eschers. In neueren Stücken wie in den Klavieretüden *Désordre*, *Automne à Varsovie* und *Vertige* manifestieren sich diese Illusionsmuster noch deutlicher; auch spielt der Pianist mit zwei Händen zum Schein in mehr als zwei verschiedenen Geschwindigkeiten.

Es gab da aber noch andere Einflüsse. Erstens meine Vorliebe für die Eleganz des Jazz und für den rhythmischen »drive« der lateinamerikanischen (halb kommerziellen) Folklore. Zweitens, seit 1980, meine Liebe zur Musik von Conlon Nancarrow, dessen polyrhythmische Pianola-Studien ich für einen Markstein in der Musik unseres Jahrhunderts halte. Drittens, ab 1983, und parallel zu meiner Beschäftigung mit der Mensuralmusik, meine Hinwendung zu verschiedenen außereuropäischen Musikkulturen, sowohl zu Hochkulturen als auch zu solchen der oralen Tradition. Ohne daß ich folkloristische Elemente übernommen hätte, war für mich das Studium der rhythmischen Technik verschiedener afrikanischer Musikkulturen südlich der Sahara entscheidend: Ich kombinierte meine Erkenntnisse aus der Mensuralmusik mit jenen aus der »superschnellen« Pulsation der afrikanischen Musik. Diese Kombination ergab die kompositionstechnische Grundlage der Polyrhythmik und Polymetrik in meinen Klavieretüden und meinem Klavierkonzert.

Es gibt noch eine vierte Schicht: Als ich 1961 mein Orchesterstück *Atmosphères* komponierte, dessen »Inhalt« aus Zustandsänderungen, Strömungsmustern und Turbulenzen besteht, hatte ich nicht die geringste Ahnung davon, daß genau zur selben Zeit Edward N. Lorenz am Massachusetts Institute of Technology (MIT) die meteorologische Computersimulation bewerkstelligte, die zur Entdeckung der »strange attractors« geführt hat, und daß die Turbulenzforschung und die Lehre der dynamischen Systeme in den nächsten Jahren die Naturwissenschaften revolutionieren würden. Ich arbeite stets empirisch, nicht mathematisch, nicht wissenschaftlich, eher »handwerksmäßig«, aber in unbewußter Annäherung an geometrische Denkweisen. Bewußt wurde mir die »in der Luft liegende« Parallelität zwischen den mathematischen Forschungen seit den sechziger Jahren und meinen gleichzeitigen kompositorischen Bestrebungen erst 1984, als ich die ersten Computerdarstellungen der Julia-Mengen und der Mandelbrot-Menge sah, die Heinz-Otto Peitgen und Peter H. Richter angefertigt hatten.

Trotz dieser Parallelität halte ich daran fest, daß ich »szientifistisches«, pseudowissenschaftliches Komponieren als pure Ideologie ablehne (das bezieht sich aber nicht auf computergenerierte Klänge, im Gegenteil, die »Zukunft« des computergestützten Komponierens hat schon begonnen). Ich schrieb eingangs, daß Musik keine unbedingte Konsistenz haben muß im mathematischen oder formal-logischen Sinn. Selbst eine Bach-Fuge ist nur ein scheinlogisches Gebäude: Sie enthält zwar nichts Willkürliches, doch beruht ihre Stimmigkeit auf einer kulturell akzeptierten musikalischen Grammatik, die einer strengen, logischen Objektivität entbehrt. Wohl lassen sich einfache kontrapunktische oder harmonische Übungen, wenn man die stilistischen Regeln, also die Verknüpfungsmöglichkeiten der Elemente, genau spezifiziert, mit Hilfe des Computers realisieren (das geschah schon seit den fünfziger Jahren), doch hält sich diese Formalisierbarkeit von Musik – vielleicht nur vorläufig, ich wage keine Prognosen zu stellen – in sehr engen Grenzen.

Vorläufig ist es auch eine Glaubenssache, ob man zu »strong« oder »weak« Artificial Intelligence neigt. Ich selbst hege die Hoffnung, daß die »strong«-Partei gewinnt, dann wird auch echte Computermusik möglich sein, sie wird aber von den heutigen Formalisierungsträumen derart abweichen wie die realen technischen Erfindungen von denen, die Jules Verne ersonnen hat. Daß die künstliche Intelligenz die Künste grundsätzlich verändern wird, ist nicht Zukunft, sondern bereits Realität, obwohl auf diesem Gebiet bis heute künstlerisch kaum mehr als Dilettantisches erzeugt wurde. Das muß aber nicht so bleiben und ist auch eine pädagogische Frage. Im Augenblick erfordert eine vollwertige künstlerische oder technische Ausbildung, jede für sich, den vollen zeitlichen Einsatz der jeweiligen Kandidaten, und in der Computerkunst dominiert das Ingenieurhafte. Sobald echte Künstlerpersönlichkeiten die notwendige Technik beherrschen werden, wird auch eine gültige »artifizielle Kunst« entstehen – ob dann die Computermusik oder »artifizielle Musik« noch etwas gemeinsam mit den nach bisherigen kompositorischen Normen gültigen Gebilden haben wird, bleibe dahingestellt.

Ich kehre jetzt wieder zum »bisherigen« Komponieren zurück, und zwar in der Form von stark subjektiven Betrachtungen. Ich neige dazu, »gute« und »nicht so gute« (oder »ungenügende«) Musik nach dem Kriterium zu unterscheiden, ob der Komponist einfach niederschreibt, was ihm unmittelbar einfällt, oder – das wäre das Kriterium für gute Musik – ob er seine Skizzen so lange erneuert, sein Stück immer wieder beginnt, bis die »Zahnräder greifen«, also der Eindruck einer Stimmigkeit entsteht. Um welche Zahnräder es sich handelt und wann sie greifen, hängt vom kulturell-künstlerischen Kontext ab, in dem der Künstler lebt, und von der Höhe der Meßlatte, die er an das Niveau der eigenen Arbeit anlegt. William Yeats hat diesen Sachverhalt wunderbar beschrieben (und für ein Gedicht trifft Ähnliches zu wie für ein Musikstück): »It's like playing with the pieces of a jigsaw that has ultimately to fit into a box. All the time you are refitting the pieces together in different ways, until suddenly, inexplicably, they are inside and then the box snaps shut.«

Es gibt in der Geschichte der musikalischen Grammatiken glückliche Augenblicke, die einem Komponisten ermöglichen, spontane Einfälle so zu notieren, daß sie mit dem vollständig ausgearbeiteten »stimmigen« Werk zusammenfallen. Wegen des ausgereiften Zustandes der tonal-funktionalen Harmonik und der metrischen Satzperiodik war die zweite Hälfte des 18. Jahrhunderts ein solcher Augenblick – ich bezog mich bereits darauf im Zusammenhang mit der Musik Mozarts und Haydns. Bestimmt war Mozart – vielleicht dank genetischer Gegebenheiten oder auch dank der günstigen und strengen musikalischen Erziehung, die er durch seinen Vater genossen hat – dazu »erkoren«, der größte Komponist der Musikgeschichte zu werden, doch wesentlich für sein Schaffen war auch der günstige historische Augenblick: Nur auf dem schon vorbereiteten Humus der ausbalancierten und etablierten Tonalität konnte Mozart *unmittelbar* Perfektes erzeugen. Beethoven war kaum weniger genial (obwohl, gemessen an Mozart, seine Ausbildungssituation ungünstiger war), und in seinen späten Sonaten und Streichquartetten hat er auf eine andere Weise ebenso Großes geschaffen. Doch ist seine Perfektion *mittelbar*, der bereits nicht mehr im tonalen Gleichgewicht befindlichen Tonalität und Periodik wie mit Gewalt abgerungen.

Die historisch glücklichen Zeiten einer Harmonie zwischen der musikalischen Sprache und dem Schaffenswillen des Komponisten sind vorbei: Im heutigen musikalisch-kulturellen Kontext gibt es keine verbindliche Grammatik mehr. Eine allgemeingültige Grammatik zu verordnen wäre utopisch und totalitär: Sprachen, als kulturelle Muster, wachsen mehr oder weniger spontan durch die Geschichte hindurch – im Falle von Musik durch die Gehirne und Erzeugnisse der Komponisten und Komponistengenerationen. Sie entstehen, wie alle biologischen, sozialen und kulturellen Muster, im Prozeß einer Selbstorganisation. Die europäische funktionale Tonalität, die – in modifizierten Formen – etwa von 1600 bis 1900 herrschte, war zweifellos die »fitteste« der bisher vorhandenen musikalischen Grammatiken. Man kann ihr zwar nostalgisch nachtrauern, doch ihre künstliche Belebung – trotz zahlreicher »postmoderner« ironischer Collagen, die heute als tonal-modische Accessoires von mehreren Komponisten erzeugt werden – will nicht wirklich gelingen (so scheint es mir jedenfalls). Ob sich aus dem heutigen musiksprachlichen Pluralismus irgendwann wieder eine allgemeingültige Syntax herauskristallisieren wird, läßt sich nicht voraussagen.

Gehörte ich vor dreißig, ja sogar zwanzig Jahren noch mehr oder weniger zur Komponistengruppe, die sich als »avantgardistisch« verstand, bindet mich heute keine Gruppenideologie mehr. Die avantgardistische Protesthaltung war ein politischer Gestus einer Elite. Mit dem Zusammenbruch der sozialistischen Utopie und mit der Veränderung der technischen Zivilisation durch die Verbreitung der Mikroelektronik ist auch die Zeit der künstlerischen Avantgarde vorbei. Da mir die »schöne« Postmoderne als eine Schimäre erscheint, suche ich nach einer »anderen« Modernität, weder nach einem »Zurück-zu«, noch nach modischem Protest oder »Kritik«. Sowohl die funktionale Tonalität als auch die Atonalität haben sich abgenutzt, ebenso die gleichschwebende zwölftönige Temperatur. Viele ethnische Kulturen, in Afrika und in besonderer Vielfalt in Südostasien, bieten Beispiele für ganz andere Intonationssysteme: Sowohl pentatonische als auch heptatonische (gleichmäßige wie ungleichmäßige) Aufteilungsmöglichkeiten der Oktave – von Thailand bis zum Salomon-Archipel – bergen unzählige Ansatzpunkte für eine neue Art von Tonalität in sich, mit anderen Gesetzmäßigkeiten als den funktionalen. Deshalb scheint mir das Beispiel Java-Debussy so wichtig: Debussy hat den südostasiatischen Einfluß nicht als Folklorismus verwendet, sondern als grammatikalischen Paradigmenwechsel.

Nachzudenken wäre auch über Anwendungen des Obertonspektrums. Henry Cowells Buch *New Musical Resources* war schon 1919 (!) fertig und wurde in den dreißiger Jahren veröffentlicht, dann schnell vergessen (heute gibt es einen Reprint bei Something Else Press). Cowells Ideen, die Naturtöne betreffend, wurden strenggenommen nur von Harry Partch weiterentwickelt, doch sowohl Cowell als auch Partch blieben amerikanische Exzentriker und Randfiguren. Seit etwa fünfzehn Jahren gibt es jedoch – vor allem in den USA, aber mehr und mehr auch in Europa – eine »mikrotonale Bewegung«, die auf Partch zurückgeht. (»Mikrotonal« ist nicht korrekt, es geht um natürliche Obertöne, mikrotonale Intonationsabweichungen bedeuten sie nur, wenn man die gleichschwebende Temperatur als Norm betrachtet.) Die Schwierigkeit der Durchsetzung dieser Richtung war dadurch bedingt, daß die von Partch gebauten Spezialinstrumente Raritäten blieben. Dramatisch verbessert hat sich die Situation seit der Existenz des ersten frei intonierbaren Synthesizers, des Yamaha DX-7 II (dessen Entwicklung ich John Chowning, dem Erfinder der digitalen Klangsynthese auf *frequency modulation*-Basis, vorgeschlagen habe). Nur ist ein Synthesizer ein elektronisches Instrument und leidet unter den Einseitigkeiten der ausschließlich aus Lautsprechern ertönenden Klänge.

Mein Projekt ist jetzt, neue Arten von Intonation (und von Tonalität) durch akustische Instrumente zu erzeugen, mit entsprechender Skordatur (das heißt Umstimmung, vor allem von Saiten) und mit Kombinationen aus »traditionell« und »verändert« gestimmten Instrumenten. Die reine Naturtonbewegung halte ich für eine ideologische Sekte, ähnlich jener der Naturkostanhänger. Mein Projekt ist ein ideologiefreier Stil, unsauber, wobei Obertöne, penta- und heptatonische wie auch andere temperierte und nichttemperierte Stimmungen pragmatisch zu einer Musiksprache amalgamiert werden, und zwar nicht nach einem allgemeinen Prinzip, sondern je nach den Gegebenheiten der einzelnen Instrumente und der Instrumentenzusammensetzung des jeweiligen Stückes.

Ich habe hier ausführlich über meine eigenen Vorstellungen geschrieben und erhebe keinen Anspruch darauf, daß andere Komponisten ähnlichen Phantasien nachgehen – jeder von uns hat andere Ideen, und es wäre vermessen zu behaupten, daß die eigenen den Vorzug hätten.

Was die Gesamtsituation betrifft, meine und die meiner Kollegen: Wohl ist mir bewußt, daß der heutige Komponist »ernster« Musik in einer winzigen kulturellen Nische lebt, eingekeilt zwischen der sich kommerziell ausbreitenden Unterhaltungselektronik und den Hochglanzfolien des traditionellen, prestigeträchtigen Konzert- und Opernbetriebs. »Wir«, also die Komponisten »ernster« Musik, haben für das heutige Mäzenatentum (das »Sponsoring«) nur einen Alibiwert, man braucht uns eigentlich nicht. Doch auch wenn die übriggebliebene Nische winzig und sozial scheinbar funktionslos ist, befindet sie sich gleichsam in der Haut einer Seifenblase: Ihre Breite ist unendlich klein, ihre geistige Ausbreitungsmöglichkeit aber unendlich weit, solange die Seifenblase noch besteht.

Rede anläßlich der Verleihung des Balzan-Preises 1991 durch die Fondazione Internazionale Balzan Mailand/Zürich im November 1991. Erstveröffentlichung durch die Balzan-Stiftung in der Berichtsbroschüre *Orientamenti e attività dei Premi Balzan* 1991, Seiten 23–35; Nachdruck unter dem Titel »Rhapsodische, unausgewogene Gedanken über Musik, besonders über meine eigenen Kompositionen«, in: *Neue Zeitschrift für Musik*, 154 (1993), Nr. 1, Seiten 20–29.

György Ligeti

Zwischen Wissenschaft, Musik und Politik

Als ich zur Schule ging, träumte ich davon, später als Erwachsener gleichzeitig zwei Berufe zu haben – Naturwissenschaftler und Komponist. Noch früher aber, als kleines Kind, hatte ich mir ständig Musik vorgestellt: wenn ich morgens aufstand, mich wusch, mir die Zähne putzte, oder wenn ich abends zu Bett ging. Zu jeder dieser täglichen Verrichtungen gehörte eine andere musikalische Zeremonie, und die imaginären Musikstücke änderten sich nie: Stets gab es einen bestimmten Zubettgeh-Marsch und so fort. Leider hatten wir zu Hause keine Musikinstrumente, nur ein Grammophon und ein paar Schellackplatten. Mein Lieblingsstück war »In der Halle des Bergkönigs« aus Griegs *Peer Gynt*-Suite Nr. 1. Etwas später, als ich sechs war, langweilte mich der Bergkönig. Statt dessen begeisterte ich mich nun für den Kopfsatz der Fünften Symphonie Beethovens und für Wagners »Feuerzauber«, der mich wegen seiner phantastischen Orchesterfarben und seiner ungewöhnlichen Harmonik besonders faszinierte.

Klänge und Farben (auch Gerüche, Formen, Buchstaben und Zahlen) waren in meiner Vorstellungswelt eng verknüpft. Erst später hörte ich etwas von »Synästhesie«. Mein fünf Jahre jüngerer Bruder hatte »absolutes Gehör« und war musikalisch viel begabter als ich, doch als wir über Musik und Farben diskutierten, stellte sich heraus, daß er keine solchen Assoziationen hatte.

Eigentlich ist es merkwürdig, daß ich Komponist, das heißt »Musiker« wurde, denn das Milieu meiner Kindheit war einer Musikerkarriere nicht gerade förderlich. Als mein Bruder acht Jahre alt war, sagte ein Geigenlehrer zu meinen Eltern, es wäre jammerschade, wenn ein so begabtes Kind keinen Geigenunterricht bekäme. Ich war dreizehn und bedrängte meinen Vater, auch ein Instrument lernen zu dürfen. Mein Vater liebte Musik, allerdings in sehr engen Grenzen: Bei ihm reichte die Musik nur von Bach bis Schubert und bestand vornehmlich aus deutscher Konzertliteratur und italienischer Oper. Wagner und sogar Brahms waren für ihn keine »echte« Musik, Rossini und Verdi, auch Bizet waren allenfalls noch akzeptabel, aber von Debussy hatte er keine Ahnung. Er war ein hochintelligenter und kultivierter Mann mit einer erstaunlich reichen naturwissenschaftlichen und humanistischen, aber auch literarischen Bildung. Doch Musik, glaubte er, sei gefährlich für mich, weil ich als Kind zu ausgefallenen Phantasien neigte.

Ich entwarf detaillierte Pläne eines nichtexistierenden Landes und seiner Städte, schrieb Studien über das Gesellschaftssystem und die geologische Beschaffenheit seiner Berge, Wüsten und Flüsse und erfand eine durch und durch »logische« Sprache mit genau ausgearbeiteter Grammatik. Das Rechtssystem und die Sozialstruktur waren völlig liberal und absolut gerecht. Über Krankheit und Tod machte ich mir keine Gedanken. In den Städten gab es weder Ärzte noch Krankenhäuser und auch keine Friedhöfe. Es war eine Art »Land, wo Milch und Honig fließen« – ohne Regierung, ohne Geld und ohne Kriminelle. Aber es war kein Märchenland, vielmehr eine scheinbar rationale, hochzivilisierte Welt mit perfekt funktionierendem Alltagsleben. Nirgendwo waren Fehler, waren Probleme zu lösen. Wohl gab es Schulen, aber keine langweiligen Hausaufgaben, und die gesamte Bevölkerung befaßte sich mit Wissenschaft und Kunst. Niemand mußte arbeiten, weil alles von Maschinen produziert und geregelt wurde. Die Maschinen brauchte man nicht zu reparieren und die Wohnungen nicht zu putzen. Seit meinem fünften Lebensjahr, das heißt seit der Geburt meines Bruders, beschäftigte ich mich mit dieser Utopie. Als ich vierzehn war, wandte ich mich gleichzeitig der organischen Chemie und der Komposition zu, und das imaginäre Land begann sich zu verflüchtigen.

Erst als mein Bruder ein Jahr lang Geigenunterricht bekommen hatte, willigte mein Vater ein, mich Klavier lernen zu lassen. Da wir kein Klavier zu Hause hatten, mußte ich jeden Tag bei einer Freundin meiner Mutter üben, wenn sie zur Arbeit außer Hause war. Ihr Klavier war alt, ziemlich schlecht und nie gestimmt, aber ich konnte es zumindest für ein paar Stunden am Tag benutzen. Ich weiß nicht, ob ich anfangs musikalisch talentiert genug war. Komponist sein heißt nicht unbedingt, sich nur mit Musik zu beschäftigen. Wie in Wirtschaft, Politik und Sport gibt es auch in der Kunst und in der Wissenschaft Menschen, die sich auf ein einziges Thema konzentrieren, und das monomanische Streben nach einem bestimmten Ziel führt in der Regel zu hervorragenden Ergebnissen. Bei einem anderen kreativen Typus dagegen verteilt sich die Aufmerksamkeit auf ein breiteres Spektrum von Interessen. Zweifellos gehöre ich diesem zweiten Typus an, als beschränkter Spezialist wäre ich sehr unglücklich. Ich habe mich immer für viele verschiedene Wissensgebiete begeistert.

Noch vor meinem dritten Lebensjahr begann ich zu lesen. Man hatte es mir nicht beigebracht, doch lernte ich nach und nach Schriften zu entziffern, weil ich die Erwachsenen immer nach der Bedeutung einzelner Buchstaben und Zahlen fragte, so daß ich mit drei schon Bücher lesen konnte. Zum dritten Geburtstag wünschte ich mir einen Fußball, ein Dreirad und eine Kinderausgabe der Märchen aus Tausendundeiner Nacht. Ich las das Buch mit großem Eifer, doch hatte ich anfangs Schwierigkeiten mit bestimmten Buchstaben, zum Beispiel mit der Unterscheidung von »h« und »fi«, denn im Druck dieser Ausgabe fehlte der Punkt auf dem »i«, wenn es auf ein »f« folgte.

Synästhetische Verknüpfungen wurden ebenfalls wichtig für mich. Heute weiß ich, daß Rimbaud Farben mit bestimmten Buchstaben assoziierte – er schrieb ein wunderbares Gedicht darüber – und daß Messiaen sich »farbige« Musik vorstellte. Das gilt auch für mich, doch meine Farbassoziationen sind andersartig. In tonaler Musik ist ein Durakkord stets rosa oder rot, ein Mollakkord stets grün für mich. Noch dauerhafter sind meine Farbvorstellungen von Zahlen. Ich wurde 1923 in einer Kleinstadt genau im geographischen Zentrum von Siebenbürgen geboren, einem von Rumänen, Ungarn und Deutschen besiedelten Gebiet, das jahrhundertelang zu Ungarn gehörte, dann 1867 bis 1919 zur österreichisch-ungarischen Doppelmonarchie und schließlich nach 1919 zu Rumänien. Daher waren die Briefmarken, die ich als Kind sah, rumänisch, sie zeigten das Bildnis des Königs und hatten bestimmte, dem Preis der Marken zugeordnete Farben. Auch wenn der König wechselte (was dreimal in meiner Kindheit geschah), blieben die Farben der Marken unverändert. Für einen Inlandsbrief brauchte man eine 6-Lei-Marke, die braunviolett war, die 7,50-Lei-Marke für Briefe ins benachbarte Ungarn war ultramarin und die 10-Lei-Marke für das restliche Ausland dunkelblau. Die Zahl 3 wird stets karminrot, die Zahl 5 hellgrün für mich sein. Die Kombination von Zahlen und Farben, die ich auf den Briefmarken meiner Kindheit sah, ist für immer in meiner Vorstellung fixiert. Und deshalb hat die Null keine Farbe, sie ist transparent, weil es keine Null-Lei-Marke gab.

Viele Kinder beginnen im Grundschulalter Briefmarken zu sammeln. Das tat ich natürlich auch, und die Philatelie weckte in mir das Interesse für Geographie, für fremde Völker und ihre Kulturen.

Als ich sechs Jahre alt war, zog die ganze Familie nach Klausenburg (rumänisch Cluj), in eine Stadt, die damals etwa 130.000 Einwohner hatte. Klausenburg galt als wichtigste Stadt Siebenbürgens, hatte eine rumänische Universität, ein rumänisches und ein ungarisches Theater, eine rumänische Oper, auch ein Symphonieorchester, das in der Oper spielte, und eine öffentliche Bibliothek. Im ungarischen Theater fanden oft Kammermusikkonzerte statt. Die meisten Einwohner waren damals

Ungarn, unter ihnen viele Juden, zu denen auch meine Familie gehörte. Die Juden waren durchweg völlig »assimiliert«, Religion spielte keine Rolle, außer für eine kleine orthodoxe Minderheit.

Als ich zehn war, kam ich ins rumänische »Liceu«, das Gymnasium, und mußte rasch Rumänisch, aber auch Französisch lernen. Ich konnte schon ein wenig Deutsch und hatte viele deutsche Bücher. Während der acht »Liceu«-Jahre mußte man strenge Prüfungen nach dem vierten und achten Jahr ablegen. Ich besuchte das »Liceu« jedoch nur sieben Jahre lang, denn mein letztes Schuljahr absolvierte ich in einem anderen Land, wenn auch in demselben Schulgebäude. Doch zurück zu meiner Grundschulzeit. Als ich acht war, fiel ich beim Klettern von einem Felsen und zog mir eine so schwere Knieverletzung zu, daß ich mehr als drei Viertel des Jahres zu Hause im Bett bleiben mußte. Ich freute mich sehr, daß ich nicht zur Schule gehen brauchte und viel Zeit zum Lesen hatte. Mein Interesse für Geographie konzentrierte sich immer mehr auf Afrika. Mir gefiel die kompakte Form dieses Kontinents auf der Landkarte. Ich las viele Bücher über Afrika, nicht nur Reisebeschreibungen, sondern auch geographische und ethnographische Fachbücher. Damals konnte ich natürlich nicht ahnen, daß afrikanische Musik aus der subsaharischen Region fünfzig Jahre später meinen eigenen Kompositionen entscheidende Impulse geben würde.

Als ich dreizehn war, schwenkte meine Begeisterung von der Geographie auf die Chemie über. Ich bekam ein Universitätslehrbuch der anorganischen Chemie geschenkt, und in einer ursprünglich für Spielzeug vorgesehenen Schublade richtete ich mir ein kleines »Laboratorium« ein. Bei einem meiner Experimente ereignete sich eine kleine, aber aufsehenerregende Explosion auf dem Balkon unserer Wohnung, was meine Großmutter, die sich gerade im Nebenzimmer aufhielt, zum Auszug bewog. Ein Jahr später ließ mein Interesse an solchen Experimenten nach. In der Schule begannen wir, organische Chemie zu lernen, und für Experimente in diesem Fach hatte ich keine adäquate Ausrüstung. In unserem vorzüglichen rumänischen Lehrbuch waren Darstellungen komplexer Moleküle abgebildet. Vor allem die hexagonalen und pentagonalen Kohlenstoff-Zyklen weckten in mir die Begeisterung für »Strukturen«. Organische Chemie war für mich die spannendste Sache auf der Welt, und das lag sicher auch an Domnul Cadaru, einem wirklich ausgezeichneten, engagierten Physik- und Chemielehrer.

Ich hatte auch (und habe noch immer) großes Interesse an Mathematik und war in den ersten beiden Jahren des Gymnasiums ziemlich gut in einfacher Algebra, weil wir da einen kompetenten Lehrer hatten. Doch als ich dreizehn wurde, bekamen wir einen neuen Mathematiklehrer, der kein pädagogisches Talent hatte. Domnul Murariu war ein überaus freundlicher, humaner Mann, und ich liebte ihn sehr als Person, aber nicht als Lehrer. Er war einfach unfähig, etwas verständlich zu erklären. Vielleicht beherrschte er selbst den Lehrstoff nicht sicher. Andererseits war er ein »politischer Verbündeter«, denn er haßte die rechtsgerichtete Regierung und besonders die rechtsextremistische »Eiserne Garde«, die militanten rumänischen Nazis.

Die wichtigste Quelle für meine späteren kompositorischen Phantasien und Strukturideen aber war vermutlich die organische Chemie. Eine höchst eindrucksvolle Abbildung in meinem Chemiebuch für die vierte Klasse des Gymnasiums zeigte die Struktur von Chlorophyll, der Blattgrünkomponente der meisten Pflanzen. Charakteristisch für diese ziemlich komplexe organische Verbindung ist ein bivalentes Magnesiumatom (das heißt mit zwei positiven elektrischen Ladungen), das im Zentrum des Moleküls wie eine Spinne in der Mitte ihres Netzes lauert. Diese magnesiumdominierte Verbindung kann Kohlendioxyd binden und Sauerstoff abgeben und so das Gleichgewicht in der Atmosphäre wiederherstellen. Bei Tieren verläuft der Stoffwechsel bekanntlich umgekehrt, weil sie Sauerstoff einatmen und Kohlendioxyd ausatmen. In meinem Chemiebuch wurde bei der Beschreibung des Chlorophylls erwähnt, daß Hämoglobin als aktive Verbindung bei der Atmung von Tieren dient. Die »Spinne« in der Mitte dieses Netzes ist ein Eisenatom, das sich ganz anders verhält als das Magnesiumatom: Es hat Valenzen in wechselnder Anzahl, das heißt wechselnde positive elektrische Ladungen, wie ein vielarmiger Gott Shiwa. In meinem Lehrbuch stand auch, daß man damals (das war 1937) die chemische Struktur des Hämoglobins noch nicht kannte.

Diese offene Frage regte sogleich meine Phantasie an. Ich stellte mir vor, ich würde mein ganzes Leben der organischen Chemie weihen, zuerst die Struktur des Hämoglobins und weiterer Proteine entdecken und dann das »Geheimnis des Lebens« entschlüsseln. Ich konnte nicht wissen, daß ein anderer denselben Traum hatte, der Wiener Chemiker und Molekularbiologe Max Perutz, der im Cavendish-Laboratorium an der Universität Cambridge in England arbeitete. Er war älter als ich und hatte all das berufliche Wissen, das mir fehlte. Durch einen glücklichen Zufall lernte ich ihn – viele Jahre später – persönlich kennen, einen bedeutenden Wissenschaftler und wunderbaren Menschen, und mir wurde klar, daß wir etwas gemeinsam hatten: die Fähigkeit, einen Weg hartnäckig, Schritt für Schritt zu verfolgen und niemals aufzugeben, auch wenn die Probleme noch so schwierig sind. Tatsächlich brauchte Perutz Jahre, um die Struktur des Hämoglobinmoleküls zu entschlüsseln, da die üblichen Methoden chemischer Analyse dieser Aufgabe nicht angemessen waren. Glücklicherweise arbeitete er in demselben Laboratorium wie der große Kristallograph Bragg, der Röntgenstrahlen zur Untersuchung von Kristallen einsetzte. Perutz übernahm Braggs Methode und konnte so die Hämoglobinkristalle mit Röntgenstrahlbrechung »photographieren«.

Das geschah in den späten vierziger Jahren, aber es dauerte noch lange, bis Anfang der sechziger Jahre, bis er die gesamte, höchst komplizierte Struktur in allen Einzelheiten aufgeschlüsselt hatte.

Noch bevor diese Aufgabe gelöst war, übernahmen zwei Studenten von Perutz, Crick und Watson, seine Methode in demselben Laboratorium. Sie entdeckten die Struktur der Ribonukleinsäure (RNS) und der Desoxyribonukleinsäure (DNS), und daraus wurde die berühmte »Doppelhelix«, der Träger der genetischen Information. Diese entscheidende Entdeckung gelang 1953. Die Arbeiten von Perutz und die von Watson und Crick bedeuteten einen »Riesenschritt« vorwärts auf dem Weg zum Verständnis dessen, was Leben ist. Gleichwohl haben sie nicht gerade das »Geheimnis des Lebens« entschlüsselt. Wenn wir auf die Suche nach Geheimnissen verzichten, können wir uns besser darauf konzentrieren, wesentlichere Probleme zumindest schrittweise zu lösen. Wissenschaft ist nicht dazu da, holistische Rätsel zu entschlüsseln. Nur beharrliche Arbeit an der Lösung vernünftig gestellter Detailfragen kann brauchbare Ergebnisse erbringen.

Umfassende Antworten sind meist schwach und entweder Sache der Religion oder der Philosophie. Als ich mit dreizehn oder vierzehn davon träumte, das »Leben« zu erklären, war ich für Philosophie noch zu jung. Später ermutigte mich mein Vater, ein durch und durch redlicher, aufrechter Mann, philosophische Schriften zu lesen, und als Siebzehnjähriger war ich schon mit vielen ontologischen und metaphysischen Gedankengängen vertraut. Ich schrieb sogar selbst eine erkenntnistheoretische Studie und glaubte, ich hätte damit die letzten Fragen des »Seins« und des Wissens gelöst. Immer stärker jedoch faszinierten mich zu der Zeit »konkrete« Vorstellungen klingender Musik, und ohnehin lag mir mehr an Mathematik als an abstrakten Gedankenlabyrinthen.

In diesen qualvollen Pubertätsjahren waren die »musikalischen Zeremonien« meiner frühen Kindheit zwar noch präsent, aber in veränderter Form. Auf meinem Schulweg, der etwa zwanzig Minuten dauerte, stellte ich mir immer ein Musikstück vor, etwa eine Symphonie oder ein Konzert (oder, auf kürzeren Spaziergängen, eine Ouvertüre). Diese vorgestellte Musik war nie abstrakt, sondern wurde vor meinem inneren Ohr regelrecht »aufgeführt«, meist von einem großen Orchester. Ich lauschte diesen Stücken gewissermaßen wie ein Konzertbesucher, der leibhaftigen Spielern und Sängern lauscht. Meine stilistischen Modelle waren Beethoven, Schumann, Berlioz, Tschaikowsky – all das, was ich gelegentlich in Symphoniekonzerten oder am Radio hörte, doch waren diese »Phantasien« ganz und gar meine »eigene« Musik.

Meist stellte ich mir solche Musikstücke vor, wenn ich auf der Straße oder in einem Park spazierenging. Der schönste Ort in Klausenburg war (und ist hoffentlich heute noch) der riesige, üppig wuchernde Botanische Garten, der zur Universität gehörte. Wenn ich allerdings saß und nicht herumging, war meine musikalische Phantasie gedrosselt.

Als ich vierzehn war, also genau zu der Zeit, als ich die ersten Klavierstunden bekam, mußten wir wieder umziehen. Unsere frühere Wohnung lag weiter vom Stadtzentrum entfernt in einer ruhigen Gegend. Dort hatte mein Vater sein eigenes Zimmer, wo er, umgeben von über dreitausend Büchern, in Ruhe arbeiten konnte. Er schrieb mehrere Fachbücher über Wirtschaft und Ethik und einen utopischen Roman, die alle publiziert, aber nur von wenigen Leuten gelesen wurden.

Dem äußeren Anschein nach war unsere neue Wohnung komfortabel und sehr gut gelegen, nahe beim Hauptplatz der Stadt mit seiner gewaltigen gotischen Kirche. Meine Mutter war Augenärztin und brauchte eine »bessere Adresse« für ihre Praxis. Allerdings war die neue Wohnung viel zu klein. Mein Vater verlor sein Arbeitszimmer und mußte seine vielen Bücher im Keller unterbringen. Er schien darüber jedoch nicht unglücklich zu sein. Das war im Jahr 1937, und da ein neuer großer Krieg drohte, verschob er die Arbeit an seinem nächsten Buch bis »nach dem Krieg« in eine imaginäre Zukunft – er rechnete nicht mit seinem Tod.

Ich wurde mit meinem Bruder in einem ziemlich kleinen Raum untergebracht. Wir hatten zwar getrennte Betten, mußten jedoch an demselben Tisch unsere Schularbeiten machen und störten uns ständig. Auch das Klavier, das der Freundin meiner Mutter gehörte, wurde in dem kleinen Zimmer aufgestellt, so daß wir uns schließlich kaum noch rühren konnten. Doch war dieses schlechte, ungestimmte Mietklavier eine große Freude für mich. Mein Bruder übte Geige im Wohnzimmer nebenan, was meinen Vater daran hinderte, nach dem Mittagessen seine Zigarre und sein Nickerchen zu genießen.

Obwohl wir uns ständig gegenseitig störten, waren mein Bruder und ich engste Freunde. Ich verliebte mich ständig in Mädchen (stets heimlich, denn ich war sehr schüchtern), doch kein Mädchen konnte mir wichtiger sein als mein geliebter Bruder. Ich bewunderte sein blendendes Geigenspiel, und als er später – in der Hoffnung auf eine Chance als Streichquartettspieler – Bratsche zu lernen begann, machte er noch größere Fortschritte. Ob er später Berufsmusiker geworden wäre, ist unmöglich zu sagen – er wurde im Konzentrationslager Mauthausen getötet, im Frühjahr 1945, kurz nach seinem siebzehnten Geburtstag.

Mit dem Anschluß Österreichs an Deutschland wurde die Kriegsgefahr konkret. Als mein Vater etwas früher, im Januar 1938, von einer Reise nach Berlin zurückkehrte, war er überzeugt, daß Hitler bald ganz Europa angreifen würde. Er sah die Demonstrationen des Nazipöbels auf den Straßen, hörte die Marschlieder und Parolen und war sicher, daß es kein Zurück gab: Hitler und seine Bande glaubten so fest an ihren Sieg, daß sie für alle Risiken blind waren.

Trotz aller Alarmzeichen ging das tägliche Leben wie üblich weiter. Ich machte (eher zögerlich und flüchtig) meine Schularbeiten, spielte mit meinem Bruder Stücke für Geige und Klavier und später auch Trios mit einem Schulfreund, der Cellist war. Neben dem Klavierüben begann ich zu komponieren, und ich beschäftigte mich ernsthafter mit Mathematik. Meine musikalischen Studien tolerierte mein Vater, doch mein Interesse für Mathematik förderte er mit allem Nachdruck. Zwei Sommer verbrachte ich bei meinem Onkel und meiner Tante in dem hübschen, idyllischen Städtchen Târgu-Mureş und arbeitete dort eifrig an selbstgestellten Aufgaben, nach einem Lehrbuch für »einfache« (planimetrische) Konstruktionen, nur mit Lineal und Kompaß – aber so einfach waren diese Probleme nicht.

Obwohl Mathematik und musikalische Komposition zwei weit auseinanderliegende Denkbereiche sind, haben sie doch etwas gemeinsam: Konsistenz und Disziplin. Ich vermute, daß mein Training in planimetrischen Konstruktionen sich vorteilhaft auf meine späteren Kontrapunktstudien und Choralharmonisierungen im Stile Bachs auswirkte. Für geometrische Konstruktionen wie für musikalische Komposition gibt es bestimmte Regeln, die weder willkürlich noch absolut verbindlich sind, vielmehr handelt es sich eher um »Verhaltensregeln«, die sich in jahrhundertelanger Tradition herausgebildet haben. Gleichwohl ist ein entscheidender Unterschied festzuhalten: Während die Regeln geometrischer Konstruktionen »fixiert« und »objektiv« sind, kann man Regeln in der Musik freier abwandeln, weil hier die Kriterien »objektiver Realität« fehlen. Für denjenigen, der ein musikalisches Pasticcio (etwa eine Fuge im Bach-Stil) schreibt oder ein planimetrisches Problem nur mit Bleistift, Papier, Lineal und Kompaß löst, ist der Prozeß der Problemlösung in vieler Hinsicht ähnlich. Als ich Jahrzehnte später, Mitte der achtziger Jahre, meine Klavieretüden zu komponieren begann, wurde mir diese Ähnlichkeit deutlich bewußt. In jedem der Stücke konstruiere ich eine musikalische Textur aus selbstgewählten Tonhöhen und rhythmischen

Konstellationen und halte mich dabei an selbstgestellte Regeln und Beschränkungen, halb frei und halb Sklave der Regeln. Ohne Regeln, ohne Konsistenz würde ein Zufallsprodukt entstehen, allzu strenge Regeln dagegen würden den »Geist« der Musik töten. Regeln, die nicht auf mathematische oder logische Konsistenz abzielen, vielmehr einen gewissen Spielraum lassen, sind für musikalische Konstruktionen notwendig.

Nach geläufiger Vorstellung sind Musik und Mathematik eng verwandt, vielleicht sogar in benachbarten Hirnregionen angesiedelt. Ich kann das weder beweisen noch widerlegen, doch da ich beide Bereiche liebe und mich in beiden gut auskenne, bin ich der Ansicht, daß Musik und Mathematik ihrem Wesen nach verschieden sind. In ihrer Quasi-Konsistenz ähnelt die Musik eher der Grammatik natürlicher Sprachen. Natürliche gesprochene Sprachen bestehen aus Sukzessionen genau definierter, gefilterter Geräusche, die Sinnträger des Gesagten sind. In der Musik ist »Sinn« jedoch eine viel vagere, labilere Kategorie. Anders als die natürlichen Sprachen (zumindest die meisten, denn im Chinesischen und in den Bantusprachen hat auch die Tonhöhe sinntragende Funktion) verwendet die Musik weniger gefilterte Geräusche, statt dessen mehr definierte Tonhöhen und harmonische Spektren als Trägersubstrat.

Doch zurück zu meiner Vorliebe für Mathematik. 1938 begann ich, zusammen mit zwei begabten Mitschülern, privat Mathematik bei Márk Antal zu studieren. Antal, ein älterer Mathematiklehrer, hatte Budapest verlassen müssen, weil er eingetragenes Mitglied der in Ungarn verbotenen kommunistischen Partei war, die in Rumänien indes geduldet wurde. Doch als ungarischer Flüchtling durfte er nicht an einer Schule unterrichten, sondern mußte Privatstunden geben. Er war der Prototyp des »genialen Außenseiters«, eine Legende in den Augen aller jungen Leute in Klausenburg, die sich für Naturwissenschaft begeisterten, und er galt als Held, weil er wegen seiner kommunistischen Gesinnung verfolgt wurde. Er hatte die besondere Gabe, die gesamte Architektur der Mathematik auf kristallklare Weise darstellen zu können. Meine Lieblingsfächer waren Infinitesimalrechnung und analytische Geometrie, doch führte er uns auch in andere mathematische Gebiete ein, die nicht zum Schulpensum gehörten, wie Vektor- und Matrix-Rechnen, projektive Geometrie und Topologie. Da ich nun schon fünfzehn war, mußte ich natürlich auch Geld verdienen, nicht nur um den Unterricht bei Professor Antal, meine Klavierstunden und die Klaviermiete bezahlen zu können, sondern auch um zum Familieneinkommen beizutragen. Das war bei Mittelstandsfamilien seinerzeit so üblich. Ich gab jüngeren Schülern und Schülerinnen, die ihre Prüfungen nicht bestanden hatten, Nachhilfeunterricht in Mathematik und sogar in Latein, obwohl ich das nicht so gut beherrschte, und ich war ziemlich stolz darauf, mathematische Probleme so gut erklären zu können wie mein »Idol« Professor Antal. Auch als ich die Schule schon abgeschlossen hatte und am Konservatorium studierte, gab ich weiterhin Nachhilfestunden.

Inzwischen, am 1. September 1939, hatte Deutschland, zusammen mit der Sowjetunion, Polen angegriffen. Von Furcht vor dem Krieg keine Rede mehr – er war da. Anfangs änderte sich nichts in unserem privaten Leben. Daß die Sowjets sich mit Nazideutschland verbündeten, war ein Schock für alle gläubigen Kommunisten. Professor Antal war ein so tief »religiöser« Kommunist, daß er krampfhaft nach Entschuldigungen suchte. Mein Vater und ich konnten diesen Schlag ins Gesicht nicht verwinden, obwohl wir beide an die »Linke« glaubten. Ich gab den Unterricht bei Professor Antal auf, der mich daraufhin wütend »exkommunizierte«. Mein Vater verbrachte sämtliche Abende und halbe Nächte atemlos lauschend am Radio, denn er hielt den Sender BBC für die alleinseligmachende Quelle der Wahrheit. Überall wurden Lügen verbreitet. Die einzigen Leuchttürme in dieser finsteren Welt waren die BBC und die Person Winston Churchills. Und davon bin ich heute noch überzeugt.

Im Sommer 1940 vollzog sich in Rumänien ein dramatischer Umschwung. Ich war damals siebzehn und hatte gerade mein siebtes Schuljahr am »Liceu« absolviert. Deutschland hatte bereits die Niederlande, Belgien, zwei Drittel Frankreichs, Dänemark und Norwegen besetzt und plante insgeheim, die verbündete Sowjetunion anzugreifen. Für dieses Unternehmen brauchte Hitler Ungarn und Rumänien als Alliierte. Er zwang Rumänien, die Nordhälfte Siebenbürgens an Ungarn abzutreten. (Das gedemütigte Rumänien brach als erstes Land sein Bündnis mit Nazideutschland und schlug sich, im Jahr 1944, auf die Seite der Sowjetunion.) So wurde Klausenburg erneut ungarisch und nahm den alten Namen Kolozsvár wieder an. Die rechtsgerichteten Regierungen Ungarns und Rumäniens betrachteten Juden und gläubige Sozialisten (und das waren meine Eltern) als Feinde. Aus dem »Liceu« wurde ein ungarisches »Gymnasium«, folglich mußte ich die Abiturprüfung statt auf rumänisch nun auf ungarisch ablegen. Bald trat Ungarn an der Seite Nazideutschlands in den Krieg ein. Die rumänische Armee, die Verwaltungsbehörden, die Universität und ein Teil der Bevölkerung waren aus Kolozsvár abgezogen.

Vorläufig schien der Krieg noch immer ein virtuelles Ereignis, das in Zeitungen und Radiosendungen stattfand. Nach dem Abitur bestand ich die Aufnahmeprüfung in Physik und Mathematik an der naturwissenschaftlichen Fakultät der Klausenburger Universität. (Unmittelbar nach dem Einmarsch der ungarischen Armee in Klausenburg war hier eine ungarische Universität gegründet worden.) Gleichwohl konnte ich das Studium nicht aufnehmen, denn aufgrund eines Numerus clausus erhielt jeweils nur ein Student jüdischer Herkunft einen Studienplatz an der naturwissenschaftlichen Fakultät, und dieser eine Platz wurde nicht mir, sondern einem anderen Studenten zuerkannt. Ich wurde allerdings, nach bestandener Aufnahmeprüfung, in das neugegründete Konservatorium aufgenommen, weil dessen Direktor sich über die antisemitischen Gesetze hinwegsetzte. Das bewahrte mich vor der sofortigen Einberufung zum Kriegsdienst, da Universitäts- und Akademiestudenten vom Militärdienst zurückgestellt werden konnten. (Diese Regelung wurde jedoch bald aufgegeben)

Ich war sehr erstaunt, daß man mich in die Theorie- und Kompositionsklasse aufnahm, denn ich hatte von diesem Fach nicht die geringste Ahnung. Sicher konnte ich mehrere Partituren – Klavierstücke, Chorwerke, Kammermusik, sogar eine »ausgewachsene« Symphonie für großes Orchester – vorlegen. Auch Gehörbildung und Musikdiktat beherrschte ich mühelos. Vielleicht machte allein die Anzahl meiner Kompositionen Eindruck auf das Komitee. Von Instrumentation und Orchestertechnik verstand ich nicht das mindeste. Ich besaß nur den zweiten Band einer bekannten Instrumentationslehre von Albert Siklós und wußte ungefähr, wie ein Orchester funktioniert, doch grundlegende Kenntnisse der einzelnen Instrumente fehlten mir. Mit einer Ausnahme: Ich hatte drei Jahre zuvor Pauke spielen gelernt und in einem Liebhaberorchester Haydn- und Mozart-Symphonien, Rossini-Ouvertüren, Suiten von Bizet und anderes mehr gespielt, was mir eine gewisse Vorstellung vom Klang eines kleineren Orchesters vermittelte.

Mein wichtigster Lehrer am Konservatorium war Ferenc Farkas, dem ich sehr viel verdanke. Er war zwar ein schwacher Charakter und verhielt sich opportunistisch gegenüber der ungarischen Rechtsregierung, doch zu mir war er stets ausgesprochen korrekt. Er wollte mir alles beibringen, was er bei seinem Lehrer Ottorino Respighi in Rom gelernt hatte, damit ich sein »Meisterschüler« würde. Und das hieß technisches Wissen auf höchstem Niveau, zumal auf dem Gebiet der Instrumentation. Auch war er ein vorzüglicher und strenger Harmonielehrer, vor allem was die Harmonisierung von Chorälen in Bachscher Manier betraf. Farkas hatte eine spezifische Begabung für »Stimmführung«, das heißt für die korrekte traditionelle Behandlung der Stimmen in tonalen harmonischen Fortschreitungen. Er gab keinen aktiven Unterricht, vielmehr korrigierte er meine Arbeiten nur mit Rotstifteinzeichnungen auf dem Notenpapier, und ich mußte sie so lange überarbeiten, bis keine Rotstiftspuren mehr zu sehen waren.

Improvisieren lag mir nicht, weil ich kein guter Klavierspieler war, doch konnte ich kurze Stücke in allen erdenklichen Stilen schreiben, und mit großer Begeisterung imitierte ich Mozart, Bach und Couperin. Nachteilig für meine Entwicklung als junger Konservatoriumsstudent war, daß ich keine Konkurrenten in der Kompositionsklasse hatte, denn berufliche Qualifizierung wird am besten durch Wettbewerb gefördert. Das kam mir erst später in Budapest zugute. Ich absolvierte gerade das dritte Jahr meiner ruhig fortschreitenden Kompositionsstudien, als ich plötzlich, im Januar 1944, zum Militärdienst einberufen wurde. Ich erhielt ein Mobilisierungstelegramm mit dem Befehl, mich binnen vierundzwanzig Stunden bei einem Arbeitsbataillon in der südungarischen Stadt Szeged zum Dienst zu melden. Dieser Januartag war ein Wendepunkt in meinem Leben. Als ich im Oktober desselben Jahres vom Arbeitsdienst und kurzer sowjetischer Gefangenschaft zurückkehrte, fand ich fremde Leute in unserer Wohnung vor. Meine Eltern und mein Bruder waren verschwunden. Erst viel später erfuhr ich von Auschwitz. Meine Mutter, die überlebte, sah ich Monate später wieder, meinen Vater und meinen Bruder aber nie mehr. Aus Kolozsvár wurde wieder das rumänische Cluj, und ich mußte zur rumänischen Armee einrücken, um gegen Ungarn und Nazideutschland zu kämpfen. Doch erkrankte ich an Tuberkulose und mußte drei Monate im Spital verbringen, was mir ersparte, an der Front zu kämpfen.

Die Judengesetze waren inzwischen aufgehoben worden, und ich stand nach Kriegsende 1945 vor der Wahl, entweder Physik oder Komposition zu studieren. Immer stärker fühlte ich mich zur Musik als Beruf hingezogen und entschied mich daher, meine Kompositionsstudien fortzusetzen. Mein Wunschtraum war, Bartók kennenzulernen. Ich wußte, daß er nach New York emigriert war, hoffte aber, ihn in Budapest sehen zu können. Aufgrund des politischen Umschwungs war ich automatisch wieder rumänischer Staatsbürger geworden. Um nach Budapest zu gelangen, mußte ich zu Fuß illegal die ungarische Grenze passieren, denn einen Paß zu bekommen war unmöglich. Obwohl Ungarn und Rumänien inzwischen beide zum riesigen Sowjetimperium gehörten (und faktisch Kolonien waren) rangierten sie nominell weiterhin als separate Staaten. Nur die Elite der kommunistischen Parteiführung durfte reisen, doch selbst für sie gab es Hunderte von Restriktionen.

Im September 1945 bestand ich mühelos die Aufnahmeprüfung an der Franz-Liszt-Musikakademie in Budapest, das fortan meine »zweite Heimat« wurde. Sándor Veress wurde mein Lehrer – und auch der György Kurtágs, mit dem ich bis heute eng befreundet bin. Veress war das Gegenteil von Farkas: ein durch und durch integrer Mann, ganz ähnlich wie Bartók. Als Lehrer war er allerdings viel weniger versiert als Farkas. Bei ihm studierte ich Kontrapunkt im Palestrina-Stil und Formenlehre, und wie bei Farkas mußte ich Stücke in allen möglichen Stilen komponieren.

Budapest war nicht völlig zerbombt wie viele deutsche Städte, doch während der dreimonatigen sowjetischen Belagerung und der Straßenkämpfe waren viele Gebäude zerstört oder stark beschädigt worden. Es gab keine Fenster, keine Heizung mehr und nur wenig zu essen. Jahrelang lebte ich von der Hand in den Mund und mußte mir Tag für Tag ein Quartier zum Schlafen suchen. Meine Kontrapunktübungen machte ich hauptsächlich in der Bibliothek der Musikakademie. Einmal täglich bekamen Studenten eine Mahlzeit in der Akademie oder der Universität. Zum Trinken hatte ich morgens und abends nur Leitungswasser. Trotzdem war das Leben erträglich, denn bis auf ein paar clevere Geschäftsleute und die Führungsschicht der Partei lebte praktisch jedermann so. Obwohl wir alle unsere verschwundenen Angehörigen und Freunde betrauerten, regte sich allenthalben euphorische Hoffnung auf eine bessere Zukunft.

Ich erlebte Budapest als Stadt voller wunderbarer Musiker und vorzüglicher Konzerte: Sándor Végh spielte Beethoven und Bartók mit seinem Streichquartett, Otto Klemperer wurde Chefdirigent der Oper, erstklassige Dirigenten wie Erich Kleiber und Leonard Bernstein gaben Gastkonzerte. Für die Härten des gegenwärtigen Lebens entschädigte uns die Aussicht auf eine Zukunft in einem »demokratischen« Land. Wir merkten nicht, daß die Sowjets schon begonnen hatten, insgeheim Schritt für Schritt ein neues totalitäres Regime zu etablieren.

Weil die täglichen Lebensbedingungen meinen Studien und meiner kompositorischen Arbeit abträglich waren, reiste ich so oft wie möglich, vorwiegend zu Fuß und stets illegal, nach Rumänien. In Klausenburg hatte ich meine Mutter, die als Augenärztin in einem Krankenhaus arbeitete, und meine Freundin Brigitte, eine Medizinstudentin, die ich heiraten wollte. Dort konnte ich leben und arbeiten und mir wie zuvor meinen Unterhalt durch Nachhilfestunden verdienen.

Leider kehrte Bartók nie nach Budapest zurück – er starb im September 1945 in New York. Das ganze Jahr 1947 mußte ich mich mit langwierigen und meist hoffnungslosen bürokratischen Angelegenheiten herumschlagen. Als rumänischer Staatsbürger lebte ich illegal in Ungarn. Ich beantragte also die ungarische Staatsbürgerschaft, was sich als Hürdenrennen durch unzählige Ämter erwies. Die Bürokraten zeigten in der Regel guten Willen, doch der Vorgang selbst war ein undurchdringlicher Irrgarten. Schließlich erhielt ich die Staatsbürgerschaft, aber keinen Paß.

1948 wurde es fast unmöglich, illegal über die Grenze zu gehen, denn die rumänischen Wachtposten hatten speziell ausgebildete Spürhunde und schossen ohne Warnung. Inzwischen waren in Ungarn wie in Rumänien kommunistische Regierungen eingesetzt worden. Mein Lehrer Veress hatte einen Paß und konnte in die Schweiz flüchten. Nach mehrmaligem Wechsel der Kompositionslehrer absolvierte ich schließlich mein letztes Akademiejahr 1948–49 bei demselben ausgezeichneten Ferenc Farkas, bei dem ich in Klausenburg zu studieren begonnen hatte.

Da ein Komponist nicht allein vom Komponieren leben kann, wandte ich mich der Ethnomusikologie zu, die mich immer schon interessiert hatte. Ich erhielt ein einjähriges Stipendium zum Volksmusikstudium in Rumänien. Daß ich fließend Rumänisch sprach, erleichterte mir die Arbeit. Glücklicherweise war der ungarische Botschafter in Bukarest, Jenő Széll, ein guter Freund. Er war ein »wahrhaft gläubiger Kommunist« und wie alle Gläubigen entsetzt über die kommunistische Realität. Er verschaffte mir einen für Rumänien gültigen Paß und ein Visum. Im Oktober 1949 reiste ich zum ersten Mal seit dem Krieg legal von Budapest nach Klausenburg. Ich besuchte meine Mutter, heiratete Brigitte und saß am nächsten Tag bereits im Zug nach Bukarest.

Zu den Beständen des berühmten Folklore-Instituts in Bukarest gehörte Constantin Brăiloius außerordentlich reiche Sammlung von Wachszylinderaufnahmen. Brăiloiu hatte ursprünglich mit Béla Bartók zusammengearbeitet. Die hervorragende Volksmusikforscherin Emilia Comišel lehrte mich, wie man Melodien beim Abhören dieser Wachszylinder notiert – ein ziemlich riskantes Unterfangen, denn die Zylinder waren nach fünf- bis achtmaligem Abspielen unbrauchbar. Ab Januar 1950 war ich in Klausenburg mit ähnlichen Arbeiten beschäftigt. Dort lebte der ausgezeichnete Experte János Jagamas, ein Ethnomusikologe armenischer Herkunft. Ich reiste mit ihm über Land, in die Dörfer und transkribierte Volksmusik nach dem Gehör – vor allem ungarische, aber auch rumänische Lieder. Wachszylinder gab es nicht mehr, und Tonbänder wurden erst später gebräuchlich.

Die gesamte Summe meines Stipendiums hatte ich bereits in der ersten Nacht in Bukarest ausgegeben. Die ungarische Botschaft, die meine finanziellen Verhältnisse nicht kannte, hatte mir ein Zimmer in einem Hotel für Gäste aus dem »Westen« bestellt. Am nächsten Tag richteten mir die netten Botschaftsangestellten ein »Bett« in der Badewanne des Botschafters ein. In den folgenden Wochen mußte ich improvisieren, aber darin hatte ich ja seit meiner Studienzeit in Budapest reichlich Übung. In Bukarest hatten die Menschen praktisch nichts zu essen. Man konnte die »sozialistische Wirtschaft« schon spüren: In den Läden gab es nur

Schuhcreme zu kaufen. In Klausenburg teilte ich mir ein winziges Zimmer mit Brigitte und Hunderten von Wanzen.

Da Bartók mein Ideal war, hatte ich mit den ungarischen Komponisten der Ära nach Bartók vieles gemeinsam. Meine Musik gehörte zur »neuen ungarischen Schule« der Zeit. Früher, in Budapest, hatte ich Lieder und Klavierstücke komponiert, die stilistisch persönlicher waren als die beiden Streichquartettsätze, die ich später in Klausenburg für die Abschlußprüfung an der Budapester Musikakademie schrieb. Sie zeugten von Unsicherheit, vielleicht sogar von Furcht. »Moderne Musik«, wozu auch Bartóks dissonante Werke gehörten, war ebenso verpönt wie »moderne« bildende Kunst und Literatur. »Sozialistischer Realismus« hieß die von der Partei vorgegebene Devise, und das war eine reine Ausgeburt der Propaganda.

Ich war einer jener »linken Intellektuellen«, die naiv an eine »bessere Gesellschaft« geglaubt hatten. Doch der »reale Sozialismus«, der allen sowjetisch besetzten Ländern aufgezwungen wurde, bedeutete rücksichtslose Unterdrückung aller Menschenrechte und die Zerstörung der Wirtschaft, bedeutete Bespitzelung, Lügen, Denunziation und Desinformation. Im Sommer 1949 wurden Tausende »echter Kommunisten« absurder Verbrechen angeklagt und zuerst in Budapest, später auch in Bukarest in Schauprozessen abgeurteilt. Hunderte wurden hingerichtet, Tausende verschwanden in Gefängnissen und Lagern, darunter einige meiner engsten Freunde. Selbst Jen Széll, ein idealistischer Kommunist reinsten Herzens, wurde später eingekerkert. Dem Druck mancher Freunde und Lehrer, der kommunistischen Partei beizutreten (dazu gehörte auch Veress, ein unschuldiges Parteimitglied), hatte ich zu meinem Glück nicht nachgegeben.

Nach der Rückkehr nach Budapest im August 1950 begann ich, als freier Mitarbeiter im Völkerkundemuseum Wachszylinderaufnahmen von Bartók zu transkribieren. Kodály hätte es gern gesehen, wenn ich eine feste Anstellung an der Akademie der Wissenschaften angenommen und dort die große Sammlung ungarischer Volksmusik herausgegeben hätte. Doch da ich einige Wachszylinder im Museum zerstört hatte, fühlte ich mich für diese Arbeit nicht qualifiziert. Kodály war zwar enttäuscht, empfahl mich gleichwohl jedoch für die Stellung, von der ich träumte. Und so wurde ich im September 1950 als Lehrer für Harmonielehre und Kontrapunkt an der Franz-Liszt-Musikakademie angestellt.

Meine kompositorische Produktion hatte ich in zwei streng getrennte Gruppen aufgeteilt: Einerseits schrieb ich »verbotene Musik« wie den Klavierzyklus *Musica ricercata* und das Streichquartett Nr. 1 (das Bartók noch sehr nahesteht), andererseits versuchte ich den obligatorischen »sozialistischen Realismus« zu umgehen, indem ich »harmlose« Volksmusikstücke (wie viele meiner Chöre) komponierte. Doch später, etwa 1952, wurde mir klar, daß ich keine Kompromisse mehr machen konnte. Fortan schrieb ich keine »ungarisch-nationalistischen« Stücke mehr und konzentrierte mich auf meine Lehrverpflichtung. *Musica ricercata*, das Streichquartett und andere nonkonformistische Stücke hatten keine Chance, aufgeführt oder gedruckt zu werden. Stalin starb 1953, und das Sowjetimperium geriet allmählich in einen Zustand der Destabilisierung. Der Aufstand der Ostberliner Arbeiter im Juni wäre unter Stalins Ägide unvorstellbar gewesen. Das war der Auslöser für politische Erdbeben wie die Demonstrationen in Polen und hektische Regierungswechsel in Ungarn, die schließlich zum Ausbruch der Revolution am 23. Oktober 1956 führten. Dies war kein geplanter, vielmehr ein spontaner Aufstand aus allgemeiner Verzweiflung. Ich demonstrierte mit meinen Studenten mitten in der Menschenmenge. Zehn Tage später walzten eilig herbeigeschaffte sowjetische Panzer und Truppen die Revolution nieder. Mit meiner zweiten Frau Vera entschloß ich mich, bei Nacht illegal zu Fuß über die Grenze nach Österreich zu fliehen. Wie so viele andere konnten und wollten wir nicht länger in der skrupellosen Welt einer totalitären Gangsterdiktatur leben.

Ich ließ meine Stellung, meine Studenten zurück und auch meine Mutter, die inzwischen von Klausenburg nach Budapest gezogen war. Vera und ich hatten nicht die geringste Ahnung, wohin wir gehen sollten, wo wir leben könnten. Durch eine Folge von glücklichen Zufällen blieben wir in der nächstgelegenen Stadt Wien. Dort konnte Vera an der Universität Psychologie studieren. Schon während des Krisenjahres 1956 hatte sich meine musikalische Schreibweise stark verändert. Ich stellte mir eine Musik ohne melodische und rhythmische Konturen vor, eine Art musikalischen Stillstand, der aus chromatisch ausgefüllten, statischen Klangblöcken besteht. Meinen synästhetischen Assoziationen entsprechend waren diese musikalischen Raumgebilde farblos, nur schwarz, grau und weiß. Das erste Stück in diesem neuen Stil, *Visionen*, beendete ich im Sommer 1956. Später entstand daraus die Urfassung meines Orchesterstücks *Apparitions*.

Im Februar 1957 erhielt ich ein viermonatiges Stipendium von Herbert Eimert, dem Abteilungsleiter für neue Musik beim Westdeutschen Rundfunk in Köln, und das war womöglich das entscheidendste Ereignis meines Lebens. Es gelang mir, mit Unterbrechungen fast drei Jahre lang in Köln zu bleiben. Endlich lernte ich alle jene Kollegen meiner Generation aus dem Westen kennen, deren Musik in Ungarn verboten war. Manche dieser Komponisten wurden gute Freunde, allen voran Maderna,

Stockhausen, Koenig, Evangelisti, später auch Boulez und Kagel. Obwohl die »praktische« Seite des Lebens immer noch schwierig war, hatte ich doch zu essen und ein warmes Zimmer und war endlich frei von allen Parteirepressionen. Meine Kollegen akzeptierten mich im Kreis der Avantgarde in Köln, Darmstadt und Paris.

Ich bemühte mich zunächst, die Studiotechnik der elektronischen Musik zu erlernen, und komponierte drei elektronische Stücke. Bald griff ich indes wieder auf Instrumente und Stimmen zurück, weil mich die Möglichkeiten des Studios nicht befriedigten. Im Kölner Studio aber lernte ich, meinen eigenen Weg zu gehen. Als Vierunddreißigjähriger war ich immer noch ein Anfänger. Meine Idee war, die einzelnen Instrumente des Orchesters – analog zu den Sinustönen im Studio – als Komponenten eines komplexen Klangs »höherer Ordnung« zu verwenden. Das war die Konstruktionsbasis meines Orchesterstücks *Atmosphères*, das 1961 in Donaueschingen, einem Zentrum für neue Musik, uraufgeführt wurde. Auch begann ich, die Verbindung von Singstimmen, die absurde »phonetische« Texte artikulieren, mit einem Kammerensemble zu erproben, beispielsweise 1962 in *Aventures*. Inzwischen lebte ich als freischaffender Komponist, pendelte zwischen Köln und Wien, unterrichtete bei den Darmstädter Ferienkursen und als Gastdozent in Stockholm. Großzügig gefördert wurde ich nicht nur von Eimert in Köln, sondern auch von Herbert Hübner in Hamburg, Hans Otte in Bremen, Karl Amadeus Hartmann in München und von Karl Birger Blomdahl, Bo Wallner, Magnus Enhörning, Sven-Erik Bäck und Ingvar Lidholm in Stockholm.

Da meine Lehrbefähigung in traditionellen Tonsatzfächern außerhalb Ungarns unbekannt war, hatte ich keine Chance, eine feste Anstellung zu bekommen. Vielleicht aber war das unstete Wanderleben förderlich für meine Entwicklung als Komponist. Erst in den siebziger Jahren ging dieses Nomadenleben zu Ende. 1969–70 erhielt ich ein einjähriges Stipendium des Deutschen Akademischen Austauschdienstes in Westberlin. 1972 lebte ich ein halbes Jahr lang als Composer-in-residence und Gastdozent an der Stanford University in Kalifornien. Nach meiner Rückkehr nach Europa wurde ich als Professor für Komposition an die Hamburger Musikhochschule berufen und unterrichtete dort von 1975 bis 1989.

»Mikropolyphonie« ist die wichtigste von mir entwickelte Technik. Darunter verstehe ich orchestrale (oder vokale) Gewebe von einer solchen Komplexität, daß die einzelnen Stimmen unhörbar werden, woraus eine stetige Transformation der Gesamtklangfarbe erwächst. Das 1965 in Stockholm uraufgeführte *Requiem* ist eines meiner letzten Stücke in dieser Technik. In der Kammermusik habe ich sie freilich weiterhin verwendet, etwa im *Streichquartett Nr. 2* und im *Kammerkonzert*,

Werken aus den späten sechziger Jahren. Viele stilistische Experimente und Veränderungen – primär ausgelöst durch mein Experimentalstück für 100 Metronome von 1962, das ein wahrer Irrgarten rhythmischer Überlagerungen ist – führten Mitte der achtziger Jahre zur Entwicklung hochkonstruktivistischer Werke wie der *Klavieretüden* und des *Klavierkonzerts.* Auch habe ich mit nichttemperierter Harmonik experimentiert, so in meinem *Violinkonzert* aus den frühen neunziger Jahren und, noch radikaler, im 1999 entstandenen *Hamburgischen Konzert* für Solohorn und Kammerorchester mit vier Naturhörnern, die irreguläre Obertonkombinationen erzeugen – das heißt: die Obertöne sind natürlich, ihre Kombinationsspektren jedoch höchst unnatürlich.

Als Schlußwort möchte ich eine Botschaft an junge Komponisten richten: Versuchen Sie, die bestmögliche Ausbildung in traditionellen Fächern wie Harmonielehre und Kontrapunkt zu erhalten, denn sie sind die Grundlage des kompositorischen Handwerks. Ein guter Lehrer ist wichtig, wertvoller aber sind die Lektionen, die man beim Lesen und Spielen von Partituren und beim Musikhören lernt. Für die Lehrbücher der Orchestertechnik von Rimskij-Korsakow oder Koechlin gilt Ähnliches: Sicher sind sie nützlich, nie jedoch können sie das eigene Analysieren musikalischer Meisterwerke wie der Symphonien Haydns oder der Orchesterwerke Strawinskys ersetzen. Und schließlich müssen Sie selber die allerhöchsten Ansprüche an Ihre Musik stellen. Darum noch eine Warnung: Lassen Sie sich Zeit beim Komponieren und nehmen Sie nicht zu viele Aufträge an. Ruhm ernten jene, die Schritt für Schritt beharrlich arbeiten, nicht aber jene, die sich vornehmen, ein Star zu werden. Dank solcher Beharrlichkeit werden Sie dann vielleicht den wundervollen Kyoto-Preis gewinnen, das großzügigste Geschenk, das einem Künstler zuteil werden kann. Ich danke Ihnen, Herr Inamori, für Ihren Edelmut und Ihre Großzügigkeit und bringe ein Vivat auf redliche Kunst und redliche Wissenschaft aus.

Rede anläßlich der Verleihung des Kyoto-Preises 2001 durch die Inamori Foundation am 11. November 2001 in Kyoto (Japan). Die pädagogische Ausrichtung der Schlußworte wurde von der Stiftung ausdrücklich gewünscht. Original in englischer Sprache *(Between Science, Music and Politics)*, deutsche Übersetzung von Monika Lichtenfeld. Erstveröffentlichung in englischer und japanischer Sprache in: *Kyoto Prizes & Inamori Grants*, herausgegeben von der Inamori Foundation, Kyoto: Inamori Foundation 2002, Seiten 230–265.

Gerhard Neuweiler

Nachruf

Rede bei der Trauerfeier für György Ligeti
am 26. Juni 2006 in Wien

Es ist von einer außergewöhnlichen und unwahrscheinlichen Freundschaft zu berichten, die im Wissenschaftskolleg zu Berlin entstand und heranwuchs. György Ligeti war im Jahrgang 2000/01 der Composer-in-residence, während ich als Zoologe dorthin kam, um ein vergleichendes Lehrbuch über die Evolution der Sinne und der Nervensysteme zu schreiben. Ich hatte mit György zunächst nur gelegentlich zu tun bei Gesprächen am Mittagstisch, wo er mir sofort durch seine glasklare Argumentation und durch sein erstaunlich breites und tiefgehendes Wissen auffiel, das von Literatur und Zeitgeschichte, Mathematik und Informatik bis in die Chemie und die Biologie reichte. Schon nach wenigen Wochen war er die beherrschende Persönlichkeit unseres Jahrgangs. Er wurde bei unseren Vorträgen wegen seiner scharfsinnig geistreichen, immer entlarvenden Diskussionsbeiträge von einem Teil des Kollegs bewundert und beklatscht, von anderen aber gefürchtet. Er war ein Erzengel Michael der nüchternen, faktenorientierten Wissenschaftlichkeit und entblätterte gnadenlos, wenn es sein mußte auch öffentlich, vages Assoziationsgeplänkel, oberflächliche Gedankenkonstrukte, eitle Überhöhungen und Schauspielerei. Naturwissenschaftler, die sich auf experimentell belegte Fakten beriefen, hatten es bei ihm leichter als die diskursiven Philosophen und Geisteswissenschaftler. Er war freilich auch ein begnadeter und listiger Provokateur.

Ich lernte György Ligeti durch einen banalen Zufall näher kennen. An einem Novemberwochenende, als außer György Ligeti und mir alle Fellows ausgeflogen waren, klopfte es vorsichtig an meine Tür, und langsam schob sich dieser scharf geschnittene Geniekopf durch den Türspalt: Er wolle mich auf keinen Fall bei meiner wichtigen Arbeit stören, aber ob ich nicht auch bemerkt habe, daß die Heizkörper kalt seien? Ich hatte es noch nicht bemerkt, uns drohte ein kaltes, ungemütliches Wochenende. Ich telefonierte hierhin und dorthin, machte mich schließlich auf die Socken und gegen Abend war jemand gefunden, der die Heizung wieder in Gang setzte. György war erleichtert und froh: ob er sich einen Moment zu mir setzen dürfe? Und er begann zu fragen, was ich gerade machte, was mich daran interessierte. Er fragte, und ich antwortete, er fragte nach, und ich antwortete, er bohrte tiefer, und ich antwortete – und aus einem Moment wurden zwei Stunden intensiver und anregender Diskussion über neurobiologische Probleme. Da an Wochenenden das Restaurant des Wissenschaftskollegs geschlossen blieb, lud er mich ein, mit ihm in *Reinhard's Landhaus* im Grunewald zu gehen. Er hatte damals schon häufig Schmerzen im linken Bein. So wurde ich Geh-Hilfe und Diskussionspartner zugleich auf dem Weg zum Abendessen, und im Lokal ging die Diskussion mit unverminderter Intensität weiter. Mir war schnell klar, daß ich einem Genie gegenübersaß. Warum? Weil dieser Mann einem Vulkan glich, der immer wieder neue Ideen, Anregungen, Zweifel, Fragen ausspuckte. Seine kraftvolle, zupackende Kreativität kam nicht nur seinem eigenen Metier, der Musik zugute, sondern reichte aus, wie nebenbei, freigebig Anregungen an andere Disziplinen weiterzureichen. Er zwang mich zu genauerem Nachdenken, er zwang mich zum Nachforschen und er führte mich durch seine inquisitorische Neugierde in neue, für mich unerwartete Zusammenhänge in meinem eigenen Fach. Nach Gesprächen mit György war ich beschäftigt. *Er* brauchte keine Anregung von mir, sondern zog sie aus seinem unerschöpflichen Gedankenreichtum hervor, und ich griff manches davon auf. Immerhin war ich mächtig stolz, als er mir ein paar Tage nach unserem ersten Gespräch sagte, daß das, was ich ihm über die Ringnerven der Medusen erzählte hatte, zur Lösung eines Problems bei seiner Kompositionsarbeit geführt habe, mit dem er sich seit Monaten herumgeschlagen habe. Diese Wandergespräche zwischen uns wurden immer häufiger, am schönsten waren die am Sonntagmorgen beim sogenannten Schönbrunner Frühstück.

Natürlich redeten wir bei diesen Ausflügen ins Kulinarische nicht *nur* über Neurobiologie. Wir hatten keine Hemmungen, Fellows, die uns aus irgendwelchen Gründen mißfielen, recht boshaft durch den Kakao zu ziehen, und György war voll wunderbarer Anekdoten aus dem Musikgeschäft, das ihn im Ganzen gesehen nur anwiderte und dessen geld- und reputationsgierigen Werten er sich bis zur Selbstschädigung verweigerte. So haßte er alles, was nur andeutungsweise nach Heldenverehrung roch. Unvergeßlich ist mir, wie er die Ankündigung eines Kollegen, einige Verehrer seiner Musik würden das Kolleg besuchen kommen, um ihn kennenzulernen, mit einem ungarischen Sprichwort ins Leere laufen ließ: »Um eine Gänseleberpastete zu genießen, muß ich die Gans nicht kennen.« Für spontane, unverstellte Zustimmung war er jedoch offen.

Nach einem für György langen, mühsamen und schmerzbeladenen Spaziergang zum S-Bahnhof Grunewald konnte er sich endlich erschöpft in der S-Bahn niederlassen. Da kam ein junger Mann, der ihn erkannt hatte, auf ihn zu und sagte ihm, wie er sich an seiner Musik erfreue und wie dankbar er sei, daß es diese Musik gebe. Da strahlten Györgys Augen auf, die Schmerzfalten verschwanden aus seinem Gesicht und in seiner unnachahmlich bescheidenen, fast schon verschämten Art bedankte sich dieser große, alte Magier bei dem jungen, unbekannten Mann. György vergaß seine Schmerzen und wir erlebten einen mir unvergeßlich heiteren Bummel durch Geschäfte der Friedrichstraße vom Dussmannschen Kulturkaufhaus über den besten Kaffee Berlins mit Tarte Emilie bei Lafayette bis zum hintersten Jagdgeschäft, wo wir vergeblich nach einem Spazierstock für seine Gehbehinderung suchten. Geradezu beschwingt und gelöst kamen wir im Grunewald wieder an.

György wäre nicht der Komponist und Musiker, der er war, wenn sich unsere Debatten nicht mehr und mehr um die neuronale Steuerung der Motorik, ihrer raffinierten Rhythmen und ihrer Sensibilität für Zeitmuster fokussiert hätten. Diese Auseinandersetzungen mit György haben mich veranlaßt, die Evolution des Menschen aus einem anderen Blickwinkel zu betrachten und die fundamentale Bedeutung der neuronalen Motorik für die Sprache, die Musik und die menschliche Kultur generell herauszuarbeiten. Meinen Essay über »die motorische Intelligenz«, anläßlich Györgys 80. Geburtstag 2003 vorgetragen, würde György wahrscheinlich am ehesten als Zeugnis unserer Freundschaft anerkennen. György stilisierte sich gerne als Naturwissenschaftler. Er betonte immer wieder, daß er eigentlich Chemiker werden wollte, um wie Max Perutz, der die Hämoglobinstruktur aufklärte, die letzten Rätsel des Lebens zu lösen. Was ihn eigentlich interessiere, seien Strukturen, die Dynamik von Strukturen und ihre zeitlichen Überlagerungen. Es sei nur Zufall, daß er dieses Interesse in der Musik umsetze. Andererseits erzählte er mir, wie er schon als Junge auf dem Weg zur Schule und auf dem Nachhauseweg in seinem Kopf ganze Opern komponiert habe. Erst jetzt, seit ich seine Musik etwas näher kenne, weiß ich, daß er mit seiner Behauptung, Strukturen seien der Mittelpunkt seines Interesses und die Musik das Vehikel hierfür, Recht hatte.

Unsere Freundschaft beruhte nicht nur auf naturwissenschaftlichen Diskursen. Wenn wir von unseren Ausflügen zurückkamen, schlug György immer wieder vor, wir mögen noch eine Weile zusammenbleiben und reden. Er ließ sich in den Sessel meines Appartments fallen und begann zu erzählen. An diesen Abenden breiteten wir gegenseitig unser Leben aus, Lebensläufe und Erlebnisse, wie sie gegensätzlicher kaum sein konnten.

Dort das Leben eines Opfers, das von früher Jugend an nur Gefährdung und Verfolgung kannte, immer wieder in groteske Lebensbedrohungen geriet und jedesmal auf noch abenteuerlichere Weise entkam; der nahezu übergangslose Wechsel von der Verfolgung durch Nazis und Pfeilkreuzler zur Verfolgung durch sowjetisches Militär und kommunistische Ideologen, dann die Flucht 1956 und der mühsame Aufbau einer eigenen Existenz und das ständige Ringen um die Akzeptanz. Als endlich Gleichmaß in dieses Leben hätte einkehren können, kamen gesundheitliche Katastrophen bis hin zu dieser letzten, heimtückisch schleichenden Krankheit, die ihn umbrachte. *Hier* der zwölf Jahre jüngere, Sohn aus kleinbürgerlichem Nazimilieu, wohlbehütet und unberührt von allen Grausamkeiten jener Zeit, aufgewachsen in dörflicher Idylle, während der andere von einer Verfolgung in die nächste gestoßen wurde. Der Behütete, der erst mit dem Selbständigwerden begriff, welch unvorstellbare Vernichtungswellen auch in seinem Namen Völker auslöschten und Länder verwüsteten. Der vergebliche Versuch, mit der Generation der Väter über eine Politik zu diskutieren, die jene zwölf Jahre gerne als bedauerlichen Unfall auf die Seite geschoben hätte. Dann begeisterte und ernsthafte Aktivitäten in der 68er Bewegung in der Tübinger Universitätsidylle. Ich habe György, der die 68er für ideologisierte Fanatiker oder bestenfalls für Dummköpfe hielt, versucht klarzumachen, daß gerade für unsere Generation, die der Söhne und Töchter, der heute 60- bis 70jährigen, die Studentenbewegung eine unglaubliche Befreiung war, weil sie diese Mauer des Beschweigens zu Fall brachte und geschichtsfälschende Bemäntelungen wegriß. György hörte mir zu, ob er meine Argumente wirklich akzeptiert hat, wage ich zu bezweifeln. Immerhin hat er mir in einem Interview zugute gehalten, daß ich so ehrlich sei, zu meinen damaligen Dummheiten zu stehen.

Immer wieder führten die Gespräche zur tief verwurzelten Frage nach persönlich empfundener Schuld und Verantwortung. Aber auch bei György endeten diese Gespräche zu oft bei der Schuld und den Gewissensbissen des überlebenden Opfers gegenüber den Toten. Er empfand dieses quälende Schuldgefühl gegenüber seinem ermordeten Vater, vor allem aber gegenüber seinem jüngeren Bruder Gábor, den er sehr liebte. Warum mußte dieser Siebzehnjährige im KZ sterben, während er selber überlebte? So endeten meist diese Gespräche in ruheloser Suche nach einem Sinn, und meine Versuche, ihn von diesen fruchtlosen Schuldgefühlen abzubringen, waren ebenso vergeblich wie die seinen, mich von der Vergangenheit zu lösen und in eine unbeschwertere Zukunft blicken zu lassen. Es waren diese persönlichen, emotionalen Gespräche, die den Kitt für diese ungewöhnliche und intellektuell asymmetrische Freundschaft lieferten.

Gegen Ende des Sommers wurde aus der Freundschaft zu zweit eine zu dritt. Reinhart Meyer-Kalkus vom Wissenschaftskolleg, der nicht nur ein vorzüglicher Experte in europäischer Literatur und Geistesgeschichte ist, sondern auch aus Leidenschaft ein profunder Kenner der zeitgenössischen Musik, kümmerte sich um den kränklichen Komponisten. Im Gegensatz zu mir konnte Reinhart mit György kompetente Gespräche über Musik, Aufführungen und Interpreten, über Sebald und andere europäische Literaten oder über französische Philosophie auf langen Spaziergängen führen, die wir György abverlangten in dem Glauben, damit den Heilungsprozeß dieser lästigen Krankheit zu beschleunigen. Nach dem Abschluß des Kollegs haben wir diese Dreierdiskussionen, immer befeuert von Györgys kreativer Neugier und unnachgiebiger Detailtreue und Logik, noch bei zwei oder drei Wochenendtreffen in Berlin weitergeführt, bis György, inzwischen nach Wien zu Vera übersiedelt, so schlecht zu Fuß war, daß er Wien nicht mehr verlassen wollte.

Im Januar 2003 fuhren Reinhart und ich zum erstenmal an der Himmelhofgasse Nr. 34 vor, und aus einer Freundschaft zu dritt wurde binnen Stunden eine Freundschaft zu viert. Wir haben Vera sehr schnell in unser Herz geschlossen, und wir hatten den Eindruck, daß auch wir ein Plätzchen in ihrem großen Herzen gefunden hatten. Die Gespräche im Erker, in dem György auf dem Sofa thronte, fingen schon nach wenigen Minuten Feuer dank Györgys ungebrochener Neugierde, seinen schneidenden Analysen und seiner manchmal durchaus ätzenden Kritik und Polemik. Aber wir beide, Reinhart und ich, wanderten jedesmal erhoben und aufgekratzt von diesen geistigen Höhenflügen in moderner Neurobiologie und aktuellem Geistesleben in die Nacht hinein und hinunter nach Hietzing ins Hotel. Doch dieser Sprühregen an Gedankenfrische und -würze aus Györgys schöpferischen Quellen wurde bei der Heimreise nach Berlin und München von Besuch zu Besuch mehr und mehr überlagert von der Wehmut über die offenbar von keiner ärztlichen Kunst aufzuhaltende Krankheit. Unsere Spaziergänge zur Muskelstärkung, mit György in der Mitte, wurden immer kürzer und György beim vorsichtigen, schrittweisen Gehen immer ängstlicher und unsicherer, seine Gesprächsanteile wurden von Besuch zu Besuch knapper und einsilbiger.

Als wir Anfang Mai letzten Jahres wiederkamen, lag György nahezu bewegungslos im Bett, er freute sich sichtlich über unseren Besuch, aber er blieb weitgehend stumm. Ein stummer György, eigentlich ein Widerspruch in sich selbst. Wir drei versuchten, die Situation so gut wie möglich zu überspielen, und führten unter uns, mit György als stummem Zuhörer, unsere Diskussion über aktuelle Themen aus der Wissenschaft und aus der Kunstszene fort, bis György durch ein Zeichen Vera zu verstehen gab, daß es nun genug sei. Warum war György verstummt, obwohl er hellwach und offenkundig recht genau unseren Diskussionen folgte? Ich glaube, daß der wichtigste Grund für sein Verstummen, »das letzte Schweigen des Magiers« (wie der Nachruf in der *Süddeutschen Zeitung* überschrieben war) die Scham war, seine immer noch sprudelnde Kreativität nicht mehr umsetzen zu können. Ergreifend waren Veras Erzählungen von Györgys Träumen, in denen er komponierte und beim Aufwachen wußte, was er zu tun hätte, um die Komposition perfekt zu machen. Der wuchtige, kraftvolle, geistreiche und oft witzige Rhythmiker, der auf seinem polyphonen Webstuhl unvergleichliche Klangteppiche hatte entstehen lassen, stand still. Er konnte seinen eigenen Ansprüchen nicht mehr genügen und verstummte in ergreifender, schmerzvoller Würde. Ein amerikanischer Kritiker, dessen Namen ich vergaß, schrieb über György Ligeti, er sei der einzige Komponist unserer Zeit, der auch Humor habe, und der einzige, bei dessen Werken sich jedesmal originäre Genialität Bahn breche. In meinen Augen trifft diese Beschreibung den Nagel auf den Kopf.

Unser letzter Besuch bei György im April dieses Jahres ist mir in quälender Erinnerung. Als wir hochkamen in den ersten Stock, lag György still im Bett, ein eindrucksvoller Kopf, eingebettet in Weiß, mit vom Leid gezeichneten Gesichtszügen und einem tiefen, scheinbar regungslosen Blick. Er schaute uns aus diesen dunklen Augen an, ohne auch nur die geringste Gemütsregung erkennen zu lassen, stumm, wächsern. Auf der Decke lagen zwei Hände krampfartig verkrümmt, wie nicht mehr zu ihm gehörend. Nach einem kurzen Blick auf uns schloß er die Augen und ließ uns stumm und blicklos gewähren. Da saßen wir und führten unser Diskussionsspektakel auf, als ob uns nichts erschüttern könnte, nur, um unsere eigene Betroffenheit zu überspielen. Wir redeten nicht mehr *mit* ihm, sondern meinten, *für* ihn zu reden, bis Vera den Eindruck hatte, es sei nun zuviel für György, und wir verzogen uns verstört und ratlos in die Küche. Ich werde diesen stummen Blick aus zwei großen, offenen Augen bei unserem Abschied nie vergessen. Das war nicht mehr György Ligeti, sondern einer, der mit György Ligeti abgeschlossen hatte. Warum ist er verstummt? Ich persönlich bleibe dabei: aus Scham und aus Stolz vor sich selbst. Er, der schöpferische Genius, konnte diese gnadenlose Krankheit nur als schreiendes Unrecht empfinden, und aus Stolz vor sich selbst hat er mit dem Verstummen den wahren Ligeti der demütigenden Krankheit entzogen und sich unbesiegt gerettet. György würde jetzt ob meiner haarsträubenden Spekulation vor verschämtem Unglauben oder auch aus Abwehr sein Gesicht hinter seinen Händen verbergen, wie er es immer tat, wenn er meinte, jemand habe sich rettungslos verstiegen.

Während seiner langen Krankheit war György immer wieder auch verzweifelt, wie könnte es anders sein. Aber eines weiß ich mit Gewißheit, György ist nicht *in* Verzweiflung *gestorben*. Vera hat berichtet, daß sein Lebenswille bis in die letzten Lebenstage ungebrochen blieb. Wie sollte auch jemand verzweifeln, der so viel hingebungsvolle, bedingungslose und unerschütterliche Liebe erfahren hat wie er von Vera? Wer, wie Reinhart und ich, diese große, unbedingte Liebe der letzten Wiener Jahre, diese Liebe zwischen György und Vera miterlebt hat, der kann sich nur in demütiger Dankbarkeit verneigen. Die Liebe hatte den Tod längst besiegt, bevor er am Morgen des 12. Juni 2006 das Haus betrat.

Ausschnitt aus György Ligeti: *Atmosphères.* Zweite Geigen, Takt 49f. Dazu Seite 87

Reinhart Meyer-Kalkus

Nachwort

1. *Motorische Intelligenz beim Komponieren*

Gerhard Neuweilers These von der Menschwerdung des Menschen durch motorische Intelligenz ist unter Neurowissenschaftlern nicht unumstritten. Auch Primaten zeigen Ansätze zu motorischer Intelligenz. Neuweiler rekurriert selbst auf Forschungen, nach denen der Unterschied zwischen dem Sprechen des Menschen und der Sprachlosigkeit der Primaten ein nur gradueller ist. Allerdings führten diese Unterschiede in der Summe zu neuer Qualität. Primaten könnten Handlungselemente nur relativ langsam, unpräzise und lediglich in begrenzter Zahl zu Handlungsfolgen zusammenfügen, während das Broca-Areal beim Menschen die Muskeln von Armen und Händen ebenso wie die Artikulationsmuskulatur von Kiefer, Zunge und Lippen schnell und präzise zu längeren Handlungsketten erregt.

Neuweiler hätte sich auch mit den Thesen der Anhänger des Sprachwissenschaftlers Noam Chomsky (wie etwa Steven Pinker und Tecumseh Fitch) auseinandersetzen können, wonach die menschliche Sprachfähigkeit nicht denkbar ist ohne eine eingeborene und also vererbte Grammatik als Teil der kognitiven Intelligenz. Diese sei es, die den Menschen von Primaten unterscheide, indem sie die unbegrenzte Kettenbildung von sprachlichen Symbolen ermöglicht. Eine Art von Algorithmus, der offenbar genetisch verankert sei, erlaube dem Menschen, mit Hilfe endlich vieler Elemente und Regeln eine unendliche Folge je verschiedener Sätze zu produzieren. Solche syntaktischen Strukturen fehlten bei Primaten. Die motorische Intelligenz des Menschen hilft nach dieser Auffassung lediglich dabei, diese Strukturen durch die Sprechwerkzeuge zu artikulieren, ist aber keineswegs als Differentia specifica gegenüber Tieren anzusehen.

Wie man sieht, kehren in dieser Diskussion auf überraschende Weise ältere Fragen nach dem Ursprung der menschlichen Sprache zurück, die seit dem 19. Jahrhundert und zumal durch die Wende zur strukturalen Linguistik im 20. Jahrhundert ein für allemal suspendiert schienen. Zugleich stehen die neurobiologischen Voraussetzungen menschlicher Kulturbildung und damit zentrale Fragen der Anthropologie in Frage.[1] Liegen die spezifischen

Bedingungen der neuronalen Steuerung menschlicher Bewegungen nicht selbst den sublimsten Kulturleistungen, etwa der Musik, zugrunde? Erscheinen virtuose Fähigkeiten der musikalischen Praxis, wie die Ausführung komplizierter metrisch-rhythmischer Strukturen beim Klavierspielen, damit nicht in einem neuen Licht? Ist Musik als Zeitkunst nicht generell von Bewegungsphantasien geprägt?

Für sein Berliner Jahr 2000/01 hatte sich Ligeti zur Aufgabe gesetzt, ein größeres musikalisches Werk auf Texte von Lewis Carroll zu konzipieren (ein Vorhaben, das nicht über Skizzen hinaus gediehen ist[2]) sowie eine weitere, die 18. Etüde für Klavier zu komponieren.[3] Diese Etüden, die heute in drei Heften vorliegen (1985–2001), haben ihren Ursprung in der Auseinandersetzung mit der Tradition der Klavieretüden von Domenico Scarlatti über Chopin bis zu Debussy sowie in akustisch-motorischen Überlegungen. In der Klaviermusik hätten taktile Muster fast eine ebenso große Bedeutung wie akustische (schreibt Ligeti in einem Text aus dem Jahre 1995, der der ersten von ihm selber betreuten CD-Einspielung von Etüden durch den französischen Pianisten Pierre-Laurent Aimard beigefügt ist). Seine *Klavieretüden* seien letztlich aus dem Gefühl pianistischen Unvermögens entstanden, da er als Kind viel zu spät mit dem Klavierüben begonnen habe. Dieses Ungenügen habe er in ästhetischen Mehrwert umzuwandeln versucht, so wie Cézanne seine technischen Schwierigkeiten mit der perspektivischen Darstellung in eine »emotional durchseelte Geometrie mit … Rundungen, Volumina, Gewichtsverlagerungen«[4] verwandelt habe.

Den Akt des Komponierens beschreibt Ligeti als komplexen Rückkopplungsprozess, der sich zwischen der Taktilität des Kontakts von Fingern und Klaviertasten, der motorischen Sukzession von Muskelan- und abspannungen, der Hörwahrnehmung, den inneren Vorstellungsbildern, dem Formgefühl und schließlich den Zeichen auf dem Notenpapier abspielt: »Ich lege meine zehn Finger auf die Tastatur und stelle mir Musik vor. Meine Finger zeichnen dieses mentale Bild nach, indem ich Tasten niederdrücke, doch die Nachzeichnung ist sehr ungenau: Es entsteht eine Rückkopplung zwischen Vorstellung und taktil-motorischer Ausführung. So eine Rückkopplungsschleife wird, angereichert durch provisorische Skizzen, sehr oft durchlaufen. Ein Mühlrad dreht sich zwischen meinem inneren Gehör, meinen Fingern und den Zeichen auf dem Papier. Das Ergebnis klingt ganz anders als meine ersten Vorstellungen: die anatomischen Gegebenheiten meiner Hände und die Konfiguration der Klaviertastatur haben meine Phantasiegebilde umgeformt. Auch müssen alle Details der entstehenden Musik kohärent zusammenpassen, die Zahnräder ineinandergreifen. Die Kriterien dafür befinden sich nur zum Teil in meiner Vorstellung, zum Teil stecken sie auch in der Klaviatur – ich muß sie mit der Hand erfühlen. Da in adäquater Klaviermusik taktile Konzepte fast so wichtig sind wie akustische, berufe ich mich auf die vier großen

Komponisten, die pianistisch dachten: Scarlatti, Chopin, Schumann, Debussy. Eine Chopinsche Melodiewendung oder Begleitfigur fühlen wir nicht nur mit unserem Gehör, sondern auch als taktile Form, als eine Sukzession von Muskelspannungen. Der wohlgeformte Klaviersatz erzeugt körperlichen Genuß.«[5]

Motorische Intelligenz als Voraussetzung des Komponierens am Klavier! Die kompositorische Imagination wird durch die physiologische und materielle Beschaffenheit von menschlicher Hand und musikalischem Instrument mitbestimmt. Die mentalen Bilder der Musik verändern sich fortgesetzt unter dem Eindruck des Hörbaren, Sichtbaren und Fühlbaren. Ohne diese dynamische Interaktion des Gehirns mit Nervenzellen, Muskeln, Gliedern, Instrumenten und Noten keine musikalische Erfindung. Ligeti nimmt mit diesen, auf neuropsychologische Zusammenhänge zielenden Überlegungen eine ganz eigene, unverwechselbare Position unter seinen Komponistenkollegen ein.[6] So entschieden er der Meinung ist, daß solche Prozesse motorischer Intelligenz fürs Komponieren unerläßlich sind, so hält er gleichfalls daran fest, daß sich das Resultat dieser Prozesse keineswegs im Genuß körperlicher Bewegungen erschöpft.[7] Musik vollendet sich im inneren Ohr, in der Hörvorstellung akustischer Phantasiegebilde. Entscheidend ist, was erklingt, und dies kann durchaus unterschieden sein von dem, was und wie gespielt wird. Was sich als momentane auditive Gestalt zeigt, kann, wie beim Aufblitzen von Figuren im Linienmuster einer sich drehenden Stroboskopscheibe, wieder verschwinden, wenn sich die Frequenz der Bewegungen um ein weniges verändert. Gerade die Diskrepanz zwischen den Mustern der Muskelanspannung und der auditiven Gestalt kann für den Ausführenden zur Quelle des Genusses werden. Diese Differenz zwischen Hörbild und Bewegungsbild gilt besonders für illusionäre Rhythmen, inhärente Melodien, Differenztöne und andere Formen des Trompe-l'oreille, an denen Ligetis musikalisches Œuvre so reich ist, und sie gilt erst recht für die Supersignale der Formstruktur, die aus den klingenden Einzelereignissen zusammenschießen.

2. *Der Musicus doctus*

Als Kind wünschte sich Ligeti, später einmal zwei Berufe gleichzeitig auszuüben, den des Naturwissenschaftlers und den des Komponisten. Dafür mögen Prägungen durch das Elternhaus und Anregungen des gymnasialen Unterrichts ausschlaggebend gewesen sein.[8] Neben der Chemie war es die Mathematik, die sein besonderes Interesse fand. Nur aufgrund eines gegen Studenten jüdischer Herkunft gerichteten Numerus clausus konnte er sich nicht zum Studium der Physik und Mathematik in der Klausenburger Universität einschreiben. Als er im September 1945 die Aufnahmeprüfung an der Franz-Liszt-Musikhochschule in Budapest bestand, war der weitere Weg vorgezeichnet. Doch auch in der Musikwissenschaft brachte er es zu beachtlichen Kompetenzen, als professionell ausgebildeter Ethnomusikologe[9] wie auch als Spezialist für Kontrapunkt und Harmonielehre. In seinen Analysen praktizierte er einen Stil, der alles andere als der eines Dilettanten war.[10] Davon kann man sich jetzt anhand seiner *Gesammelten Schriften*[11] überzeugen. Seine Texte verbinden Scharfsinn mit methodischer Stringenz, kulturhistorischer Kompetenz und einer gehörigen Dosis polemischer Entschiedenheit.[12] Ligeti erweist sich überdies als Meister der anschaulichen Diktion, des treffenden Vergleichs und der kühnen Metapher. Für jeden, der Aufschluß über das musikalische Denken der zweiten Hälfte des 20. Jahrhunderts sucht, sind diese Texte eine Fundgrube, mochten sie auch immer wieder Anlaß zu Kontroversen mit Kollegen bieten. Während seiner Gastdozenturen in Stockholm und in Stanford, später als Professor für Komposition an der Hamburger Musikhochschule (1973–1989), legte er – wie in vielen öffentlichen Vorträgen – Proben seiner Gabe zur Veranschaulichung komplexester musikalischer Sachverhalte ab. Ein begeisternder akademischer Lehrer, hat er es freilich abgelehnt, schulbildend zu wirken – ebensowenig wie er einen Ligeti-Stil gesucht hat, der epigonal hätte kopiert werden können.[13]

Sohn einer wissenschaftsgläubigen Generation, welche die weitverbreitete Wissenschaftskritik zu Beginn des 20. Jahrhunderts hinter sich gelassen hatte, bewunderte Ligeti das kritische Ethos der Naturwissenschaften, das sich dem Postulat der empirischen Überprüfung aller Aussagen unterwirft. Auch für Intellektuelle sollte eine solche Haltung verbindlich sein, ja selbst für Künstler, auch wenn ihre Arbeit nicht denselben Verifikationsbedingungen wie jene der Naturwissenschaftler unterliegt. In diese vom Wiener Kritischen Rationalismus der zwanziger Jahre inspirierte Haltung gingen nicht zuletzt Erfahrungen mit dem Nationalsozialismus und dem Stalinismus ein, deren Terrorsysteme er zwölf Jahre lang am eigenen Leib erfahren hatte. Nur die Wissenschaften schienen ein Bollwerk dagegen zu bieten. Seinem Heißhunger auf neue Entdeckungen in den Naturwissenschaften, aber auch in anderen Feldern des Wissens von der Geographie bis zur Ökonomie, von der Mathematik bis zur Neueren Geschichte lag diese Überzeugung zugrunde: Wissenschaft als Instrument der Aufklärung in dunkler Zeit.

Eine Genugtuung war es für ihn, als er in der zweiten Hälfte seines Lebens einige der von ihm verehrten Wissenschaftler persönlich kennenlernte. Die Diskussionen mit Bernard Katz, Hans A. Krebs und Ernst H.Gombrich (alle drei während der Hitlerzeit zur Emigration nach Großbritannien gezwungen) im Rahmen des Ordens *Pour le mérite*, dem er seit 1974 angehörte, bedeuteten ihm viel, ebenso seine Begegnungen mit Max Perutz (Chemie),

Hansjochen Autrum (Biologie), Friedrich von Hajek (Ökonomie), Karl Popper (Philosophie)[14] und John Maynard Smith (Biologie). Ein intellektueller Austausch besonderer Art – und in gewisser Hinsicht ein Vorläufer der Freundschaft mit Gerhard Neuweiler – stellt die Begegnung mit dem Mathematiker Heinz-Otto Peitgen (Universität Bremen) dar. Ligeti war fasziniert von dessen zusammen mit Peter H. Richter herausgegebenem Buch *The Beauty of Fractals. Images of complex dynamical systems* (1986) und dachte über äquivalente Strukturen in der musikalischen Formbildung nach.[15] Ligetis Überlegungen zum Verhältnis von Musik und Mathematik nehmen darauf Bezug. Allerdings war ihm wichtig, die Differenzen zwischen Mathematik und Musik nicht zu verwischen, auch gegenüber mathematischen oder pseudo-mathematischen Denkansätzen unter Komponistenkollegen. Für die musikalische Komposition gebe es Regeln, die weder willkürlich noch absolut verbindlich seien, die aber im Unterschied zu den Regeln geometrischer Konstruktion freier abgewandelt werden können, weil der Komponist nicht den Kriterien der objektiven Realität unterliegt.

Es mag als Charakteristikum der Musik im 20. Jahrhundert und zumal nach 1945 gelten, daß sie in hohem Maße Musica docta ist (im Unterschied etwa zu den Bildenden Künsten). Komponisten kommen offenbar nicht umhin, sich mit den theoretischen Grundlagen ihres Metiers auseinandersetzen, mit den akustisch-physikalischen und psychoakustischen Voraussetzungen der Wahrnehmung und Hervorbringung von Musik, mit Harmonik und Rhythmik, mit elektroakustischen Techniken und mathematischen Konstruktionsprinzipien. Die Musik des 20. Jahrhunderts kann als eine Folge von Infragestellungen dessen verstanden werden, was die jeweiligen Vorgängergenerationen noch unbefragt voraussetzten, ob es sich um die Ordnung der Tonhöhen (von der Zwölftonmusik über Mikrointervalle bis hin zum Geräusch), die harmonischen Beziehungen, Rhythmen oder musikalische Formen handelt. Stets werden noch unproblematisierte Parameter der musikalischen Komposition fruchtbar gemacht – häufig im Rückgriff auf ältere, zwischenzeitlich verworfene Lösungen.[16] Kein Zufall, daß fast alle bedeutenden Komponisten auch als theoretische Köpfe hervorgetreten sind, man denke nur an die Schriften von Olivier Messiaen, Karlheinz Stockhausen, Pierre Boulez und Helmut Lachenmann. Musik im 20. Jahrhundert ist, bei aller Unmittelbarkeit ihrer Ausdrucksenergien und Klangsinnlichkeit, gelehrte Musik (das, was sie im System des mittelalterlichen Quadriviums in der Artistenfakultät schon immer war). Entsprechend groß ist das Bedürfnis der Selbstverständigung der Komponisten, entsprechend groß aber auch die Kommentarbedürftigkeit ihrer Musik gegenüber dem Publikum.

Ligeti sticht aus dem Kreise seiner Komponistenkollegen als gelehrter Kopf von universellem Zuschnitt hervor, dem kein Wissensgebiet fremd war und der alles auf eigene Weise zu amalgamieren wußte: Interdisziplinarität in einer Person. Was immer er anfaßte, erhielt einen persönlichen Stempel. Dabei gelang es ihm, seine Energien stets aufs Hauptgeschäft, das Komponieren, zu konzentrieren und diese Flamme kreativer Unruhe durch alle Metamorphosen hindurch bis ins neunte Lebensjahrzehnt lebendig zu halten – wie unter den großen Komponisten des 20. Jahrhunderts vielleicht nur noch Igor Strawinsky. Was auf spezifische Weise anrührend an ihm wirkte, war sein Arbeits- und Wahrheitspathos, über dem man gewisse exzentrische Verhaltensweisen vergaß: eine Art von Bescheidenheit und Anspruchslosigkeit in der persönlichen Lebensführung, die mit den unbescheidensten geistigen und künstlerischen Ansprüchen verbunden war. Seine Lernbereitschaft schien von der Erwartung motiviert zu sein, daß unvergleichliche Entdeckungen noch bevorstünden: »Mein Leben lang fand ich Dogmen uninteressant. In unentdeckte Bereiche vorzustoßen betrachte ich als meine vornehmste Aufgabe. Wie sich komplexe Formen und Strukturen aus höchst einfachen Prozessen entwickeln, das ist die Lektion, die wir aus dem Studium der Struktur lebendiger Organismen und tierischer wie menschlicher Gesellschaften lernen können.«[17]

So ist Musik für Ligeti auch nicht das Protokoll von biologisch-motorischen Regungen und Innervationen oder die Ausfahrt ins mystische Nichts des Klangs und Schweigens. Sie ist eine Kunst im Sinne der Artes liberales, die ein handwerkliches Wissen mit Wissenschaft und Ingenium zu verbinden versucht, die deshalb auch nie das Ganz Andere gegenüber Wissenschaft und Technik zu sein beansprucht (wie dies Adornos Philosophie der Neuen Musik postulierte), sondern im Gegenteil auf produktive Weise mit diesen Wissensfeldern kommuniziert.

Ligetis Arbeitsethos verband sich mit einer ungemein breiten literarischen, geschichtlichen, kunstgeschichtlichen und geographischen Bildung. Aufschlußreich genug blieb ihm dabei die Philosophie fremd, sie paßte nicht in sein Weltbild. Philosophie schien ihm für Menschen gemacht, die nach Sinn suchten – wie die Religion. Entsprechend geringe Wertschätzung brachte er ihr als Feld des Nachdenkens über Voraussetzungen menschlichen Sprechens, Denkens und bewußten Lebens und erst recht als universitärer Disziplin entgegen.[18] Ganz und gar zuwider, ja verhaßt waren ihm pseudowissenschaftliche Worthülsen und Mystifikationen, hinter denen er Scharlatanerie und angemaßte Autorität witterte. Autoren des französischen Poststrukturalismus (vor allem Lacan, Deleuze oder Kristeva) verabscheute er, ebenso deren deutschen Stichwortgeber Martin Heidegger. Mit Genugtuung hat er die sogenannte Sokal-Affäre (1996) verfolgt, die zu einer Wende in der Rezeption des französischen Dekonstruktivismus führte, im Gespräch kam er immer wieder darauf zurück.[19] Dafür mochte eine zum Habitus verhärtete Empfindlichkeit ausschlaggebend sein: Nichts sollte den Anspruch auf Wissenschaftlichkeit erheben, was nicht der naturwissenschaftlichen Analyse zugänglich war. Ungenauigkeit, gar Beliebigkeit in wissenschaftlichen und übrigens auch künstlerischen Fragen waren Ligeti zuwider. Seitdem er in Westeuropa lebte, pflegte er eine Feindschaft, ja persönlichen Haß gegen Menschen, die mit Hilfe von Ideologien und Dogmen Systeme der Unfreiheit begründeten. Abgrundtiefes Mißtrauen hegte er auch gegenüber politischen Bewegungen, die sich auf Ideologien und überschwenglichen Hoffnungen gründeten (wie nach seiner Meinung die Generation der 68er, aber auch die Grünen-Bewegung, nicht zuletzt alle Neomarxisten). Seiner inneren Haltung nach war er ein Freigeist, auch im älteren Sinne des Irreligiösen, doch hatte er erleben müssen, daß man Freiheit beschützen muß, durch Aufklärung, Recht und sogar Militär – was ihn nach 1968 in seinen politischen Statements, mit denen er nicht sparte, in die Nähe konservativer Positionen brachte.[20]

3. *Mikropolyphonie und Polyrhythmik*

»Musica est scientia bene modulandi« – die Musik ist die Lehre von der richtigen Abmessung, so hatte Augustinus definiert und damit eine antike Vorstellung von Musik systematisiert.[21] Musik beschäftigt sich mit Zeit-, Dauer- und Bewegungsverhältnissen, die über sich hinaus auf mathematische Proportionen verweisen, damit auf geistige Signaturen. Diese von Augustinus und in anderer Weise auch von Boethius getroffene Bestimmung der Musik ist über das Spätmittelalter in den Argumentationsbestand der Neuzeit eingegangen und bis zum 18. Jahrhundert lebendig. ›Musica‹ im Sinne der griechischen ›Musikè‹ umfaßte das, was wir heute unter Musik verstehen ebenso wie Gestik, Deklamation, Tanz, Pantomime et cetera Sie ist, wie Augustinus definierte, eine »ars bene movendi«, die den Gesetzen von Numerus und Metrik, also der mathematisch zu gliedernden Zeitordnung unterliegt. Im Unterschied zu den Artes mechanicae (also den Handwerkskünsten) ist sie eine der Artes liberales, insofern sie Theorie im Sinne freier, nicht zweckgebundener Betrachtung erlaubt.

Auch wenn sich der Komponist Ligeti mit anderen musikalischen Parametern wie Harmonik, Melodie, Klang und Raum auseinanderzusetzen hatte, stellen Überlegungen zu Rhythmus und Metrik eine Konstante seines musikalischen Denkens dar. Als Kenner mittelalterlicher und frühneuzeitlicher Musik waren ihm die älteren Auffassungen einer von der Metrik her konzipierten Musik vertraut.[22] Zugleich erlebte er seine musikalische Sozialisation in einem Milieu, das von stark rhythmisierter Musik, vor allem von der Tanzmusik des Balkans mit ihren hinkenden Rhythmen (Aksak) und asymmetrischen Metren bestimmt war. Tänze durchziehen in vielfachen Metamorphosen sein ganzes Werk, von den frühen eigenständigen Kompositionen[23] bis hin zu den letzten, dem *Hamburgischen Konzert* (1998–2003) und den Weöres-Liedern *Síppal, Dobbal, Nádihegedűvel* (2000).

Allerdings vollzog er bereits in den 50er Jahren eine Abkehr von der periodischen Rhythmenbildung, eine Abkehr auch von der durch Bartók weitergeführten Beethovenschen Formkonzeption einer entwickelnden Variation. Der vom Sozialistischen Realismus geforderten modal-konsonanten und optimistisch-fortschrittlichen Musik mit ihrem rhythmisch unkomplizierten Folklorismus wollte er sich nicht beugen. »Was mich interessiert, sind die formalen, nicht physikalischen Aspekte des Stillstehens«, so hat er einmal geschrieben.[24] In der verlorengegangenen Komposition *Víziók* (Visionen), die später in den ersten Satz seines Orchesterstücks *Apparitions* (1959) eingegangen ist, schrieb er noch in seiner Budapester Zeit eine statisch-schwebende Musik aus zahlreichen übereinandergeschichteten chromatischen Stimmen ohne Akzent und Metrik. Ein scheinbarer Stillstand der Musik, unter deren Oberfläche sich freilich eine nicht abreißende Folge von Bewegungen bis hin zu wildesten Turbulenzen ereignet: das Stilleben als »immobilité pré-explosive«.[25]

Als Ligeti nach seiner Flucht nach Österreich (11. Dezember 1956) im Frühjahr 1957 mit einem Stipendium ans Kölner Studio für elektronische Musik kam, veränderte sich sein musikalisches Denken von neuem. Er sah sich nunmehr veranlaßt, alle musikalischen Parameter zu durchdenken, auch den Parameter Rhythmus. Die seriellen Komponisten hatten zu einer umfassenden Kritik der Dominanz periodisch ablaufender Rhythmen angesetzt. Karlheinz Stockhausen wies nach, daß die Zwölftonmusik von Arnold Schönberg zwar die Beziehungen zwischen den Tonhöhen revolutioniert hatte, dabei aber die metrisch-rhythmischen Schemata der klassisch-romantischen Musik weiterhin unbefragt voraussetzte. Statt dessen galt es, die Dauer der Töne wie auch Tonhöhe, Lautstärke und Intensität der Reihe, also einer strengen seriellen Ordnung zu unterwerfen. Musik wurde zu einer Komposition von Impulsgruppen mit unterschiedlichen, simultan erklingenden Tempi.[26] Dieser Ansatz bewirkte eine grundlegende Veränderung der musikalischen Syntax, die nicht wenig zu den Schwierigkeiten der Rezeption dieser Musik beim breiten Publikum beigetragen hat.

Wie immer in seinem Leben rezipierte Ligeti diese Veränderungen kompositorischer Techniken in der zeitgenössischen Musik auf eigenwillig produktive Weise. Mit den Mitteln elektronischer Musik strebte er im Kölner Studio zunächst die Komposition von ineinander übergehenden und zugleich irisierenden »Bewegungsfarben« an, die aus Millisekunden von unterschiedlichen Sinus-Tönen montiert wurden. Die Tonhöhen der einzelnen Stimmen wurden dabei in Form von plötzlichen Sprüngen von einem Frequenzwert zum anderen verändert. Wegen der geringen Einsatzabstände der einzelnen Sprünge hören wir nur die Veränderungen des gesamten Komplexes, nicht aber die einzelnen Sprünge, wodurch der Eindruck einer weichen, kontinuierlichen Texturänderung entsteht.[27] Solche Erfahrungen hatten Rückwirkungen auch auf Ligetis instrumentale und vokale Kompositionen. Nachdem er eingesehen hatte, daß die Gestaltung differenzierter Einschwing- und Ausgleichsvorgänge mit den alten Studio- und Tonband-Technologien auf unüberwindliche Schwierigkeiten stieß, übertrug er die Bewegungsfarben elektronischer Musik auf die Musik für großes Orchester, so in *Apparitions* (1960) und *Atmosphères* (1961).[28] Dazu schrieb er: »Die Erfahrungen im elektronischen Studio mit Sukzessionsverwischung und dem Übereinanderschichten einer großen Anzahl einzelner Ton- und Klangfolgen hatten mich zu Vorstellungen von musikalischen Netzen und Geweben, zu einer Art von komplexer Polyphonie geführt. Ich nannte diese Kompositionsart ›Mikropolyphonie‹, da einzelne rhythmische Vorgänge im polyphonen Netz in Bereiche unterhalb der Verwischungsgrenze tauchen. Das Gewebe ist so dicht, daß die einzelnen Stimmen als solche nicht mehr wahrnehmbar sind, nur das Gewebe ist als übergeordnete Gestalt erfaßbar.«[29]

Um die einzelnen Stimmen im vielstimmigen Gewebe zu verflechten, kamen Ligeti seine Kenntnisse mittelalterlicher und frühneuzeitlicher polyphoner Musik von Machaut über Dufay bis zu Ockeghem und Bach zugute. Was er dort über die Kunst des Kontrapunkts und der Polyphonie gelernt und als Dozent gelehrt hatte, konnte er hier in verändertem Funktionszusammenhang nutzen. So haben etwa die in 14 Einzelstimmen aufgeteilten Zweiten Geigen in *Atmosphères* an einer Stelle gleichzeitig Triolen, Quintolen und Sextolen zu spielen (siehe den Partiturauszug Seite 78), eine für die Instrumentalisten kaum adäquat zu lösende Aufgabe, deren Unausführbarkeit der Komponist aber bewußt in Rechnung stellt, um den gewünschten Gesamteindruck des Irisierenden zu erhalten: »Statt Bewegung als rhythmischen Prozeß erleben wir Mustertransformationen innerhalb des Gewebes als klangfarbliche Prozesse. ... Die zum illusionären statischen Klangraum gewordenen vielschichtigen Klangnetze erwecken den Eindruck eines riesigen, gleichsam gefrorenen Klangwirbels«.[30]

Wie man sieht, entsprechen Ligetis kompositorische Techniken stets präzisen synästhetischen Vorstellungskomplexen und Bewegungsphantasien. Während seine Komponistenkollegen die neuen Verfahren nicht selten in technizistischer oder akademisch steriler Weise verwenden, ist seine Musik bildstark und asssoziationsreich. In den gefrorenen Klangwirbeln fallen Bewegung und Stillstand auf paradoxe Weise zusammen. Schon die komplizierte und bis heute nicht restlos aufgeklärte Etymologie des aus dem Griechischen stammenden Begriffs Rhythmus gibt einen Hinweis darauf, daß man das, was fließt, nicht unabhängig denken kann von dem, was dieses Fließen begrenzt.[31] Beides gehört offenbar zusammen, das fortgesetzt Bewegte wie das immer wieder Aufgehaltene und Abgebrochene. Dem entspricht in anderer Weise der neurobiologische Begriff der motorischen Intelligenz, wie ihn Gerhard Neuweiler faßt. Mit der Innervation bestimmter Nervenbahnen und Muskelfasern ist immer auch die Hemmung anderer Nervenbahnen verbunden. Motorisch meint keineswegs das gleichbleibend mechanisch Bewegte wie beim Verbrennungsmotor, sondern gerade das Wechselspiel zwischen Bewegung und Innehalten.[32]

Ligeti wäre nicht der unruhige Geist gewesen, der er war, wenn er sich mit den einmal gefundenen kompositorischen Lösungen zufrieden gegeben hätte. Bereits seine frühen mikropolyphonen Kompositionen werden von einem Werkkomplex begleitet, der den scheinbar statischen Klangflächen eine heftig bewegte Sprechmusik mit durcheinanderredenden Stimmen und Gesten gegenüberstellt. In seiner zweiten elektronischen Komposition *Artikulation* (1958) komponiert er mit den Mitteln der Elektronik imaginäre Dialoge und ganze Szenen. In seinen *Aventures* (1962) und *Nouvelles Aventures* (1962–65) erfindet er gar eine künstliche phonetische Sprache, die alle erdenklichen Affekte vom Schmerz bis zum großen hysterischen Ausbruch zu vergegenwärtigen erlaubt. Vokale Artikulationsformen werden in wild bewegten und durch harte Schnitte ironisch kontrastierten Aktionen mit instrumentalen Klängen und Geräuschen sowie mit Mimik, Gestik und Pantomime zusammengeführt – Musik im Sinne eines »nicht-opernhaften absoluten Musiktheaters« (Monika Lichtenfeld). Nicht von ungefähr stand Ligeti in seiner frühen Kölner Zeit der Fluxus- und Happening-Bewegung sowie dem aus dem Surrealismus hervorgegangenen belgischen Lettrismus (Henri Chopin, François Dufrêne) und dessen Lautpoesie nahe.

In den Kompositionen seit der zweiten Hälfte der 60er Jahre werden die beiden Linien von Ligetis Schaffen – Bewegungsfarben und Sprechmusik – zusammengeführt: Aus den gefrorenen Klangwirbeln treten einzelne melodische und rhythmische Gestalten deutlicher hervor, so als würden ausgeformte Einzelstimmen unter der Lupe vergrößert oder im Zoom herangezogen. Von »dicht und statisch« zu »durchbrochen und beweglich«, so hat er selber die sich wandelnde Arbeitsweise charakterisiert.[33] Im *Streichquartett Nr. 2* (1968), in den *Zehn Stücken für Bläserquintett* (1968) oder im *Kammerkonzert für 13 Instrumentalisten* (1969/70) stehen den statischen Flächen ungestüme Aktionen und hysterische Attacken gegenüber mit einer Tendenz zu distinkten Melodieprofilen und rhythmischen Gestalten, dazwischen Sätze von maschinellem Ticken (»come un meccanismo di precisione«[34]), in denen Ligeti Erfahrungen seines *Poème symphonique* für 100 Metronome (1962) weiterführt mit der Simultaneität von in unterschiedlichen Tempi tickenden Zeigern oder fallenden Tropfen.

Eine Sonderstellung nimmt in dieser Werkreihe *Continuum* für Cembalo aus dem Jahre 1968 ein (siehe Seite Notenbeispiel Seite 38), eine Komposition, die gleichfalls ohne Metrik und Taktstriche auskommt, wohl aber eine Fülle imaginärer Rhythmen darbietet, die vom Zuhörer gehört, nicht aber vom Spieler gespielt werden. Die Komposition kann als Reflexion auf die Grenzen motorischer Intelligenz verstanden werden. Mit kontinuierlichen 16 Anschlägen pro Sekunde steht sie nicht nur an der Schwelle der Ausführbarkeit durch den Instrumentalisten, sondern auch an der Schwelle der Wahrnehmbarkeit, so daß der Hörer eher einen fluktuierenden harmonischen und melodischen Prozeß von Kontinuumklängen vernimmt als die diskreten Töne im Prestissimo (ein »Kontinuum in Salami-Scheiben«, wie Ligeti schreibt). Phasen der Synchronizität beider Hände, die auf Manualen in derselben Lage spielen, wechseln dabei ab mit solchen der Asynchronizität, wenn rhythmische Phrasen kontrapunktisch gegeneinander verschoben werden, etwa in Verhältnissen von 3:2, 3:3, 3:4 oder 4:5 (Notenbeispiel S. 38).[35] »Komponiert wurden sozusagen zwei Hände als bewegliche Gegenstände.«[36] Liegt der Statik dieser Komposition ein gleichmäßiger Puls zugrunde, so treten aus dem Inneren der Bewegung hörbare Muster als illusionäre Gestalten hervor, »wie zwei Wellenbewegungen, die abwechselnd übereinstimmen und gegeneinander verschoben sind«.[37] *Continuum* ist alles andere als eine Rückkehr zur älteren Toccaten-Seligkeit, wie einige Kollegen Ligeti vorgeworfen haben. Die artistische Virtuosität, die er bewußt sucht, verbindet sich mit einem Spiel von illusionären Bewegungsmustern und stroboskopartigen Bildern, die aus den Klangstrudeln aufblitzen.

Die Konstellation von scheinbarem Stillstand und scheinhafter Bewegung in der Musik, von Klangflächen und rhythmischen Illusionsgestalten stellt eine der zentralen Achsen von Ligetis Oeuvre dar, dies macht der Rückblick auf seinen Werkkatalog bis in die 70er Jahre deutlich. Die Anforderungen an die motorische Intelligenz von Instrumentalisten und Ensembles werden in schwindelerregende Höhen der Virtuosität getrieben, zugleich wird die Wahrnehmung der Hörer mit Paradoxien, Vexierbildern und den besonderen Eigenschaften musikalischer Gestalt- und Formbildung konfrontiert. Anfang der 80er Jahre erhält diese Konstellation eine neue, unerwartete Ausrichtung, als Ligeti in der afrikanischen Musik eine ihm unbekannte Welt rhythmischer Differenzierungen entdeckt.[38]

4. *Illusionsrhythmik und Bewegungsbilder in der afrikanischen Musik*

Ligeti hat wiederholt erzählt, welch geradezu umstürzende Wirkung die Begegnung mit der Musik afrikanischer Kulturen auf ihn hatte. Obgleich er selbst nie südlich der Sahara gereist ist, wurde die Musik dieser Region hinfort zur Passion. Er lernte sie durch Schallplatten- und Tonbandaufnahmen sowie durch theoretische Studien von Ethnomusikologen wie Simha Arom (Paris, Jerusalem) und Gerhard Kubik (Wien) kennen, später auch durch vereinzelte Begegnungen mit afrikanischen Musikern. Was Ligeti elektrisierte, waren die rhythmisch-metrischen Eigenschaften dieser Musik, die eine Quelle unbekannter akustisch-motorischer Genüsse bot, die darüber hinaus einen anderen Typus motorischer Intelligenz erforderte als das dem Taktdenken unterworfene Spiel der Instrumentalisten europäischer Kunstmusik.

Ligeti hat im einzelnen beschrieben, wie er diese Erfahrungen mit afrikanischer Musik in seinen *Klavieretüden* und dem *Klavierkonzert* (1985–88) umgesetzt hat. Dabei wird deutlich, daß er in der afrikanischen Musik etwas wiederfand, was ihn seit seinen mikropolyphonen Kompositionen in Köln umgetrieben hatte, eine Musik jenseits der überkommenen taktartigen Metrik: »Zwei Einsichten waren für mich wesentlich: Zum einen: die Denkweise in Bewegungsmustern (unabhängig vom europäischen Taktdenken), zum anderen die Möglichkeit, aus der Kombination von zwei oder mehreren realen Stimmen illusionäre melodisch-rhythmische Konfigurationen zu gewinnen (die gehört, doch nicht gespielt werden), analog etwa zu Maurits Eschers ›unmöglichen‹ perspektivischen Gestalten.«[39]

Wie man sieht, hat Ligetis Interesse an afrikanischer Musik nichts mit einer Auffrischung ermüdeter europäischer Klangkulturen durch Exotismus zu tun. Es sind die durch ethnomusikologische Studien herausgearbeiteten technischen Eigenschaften dieser Musik, die er in eigene Formvorstellungen übersetzt. Auf den pseudo-afrikanischen Sound, der in Jazz und Weltmusik eine so wichtige Rolle spielt, kommt es ihm nicht an, ja mehr noch: er erhebt auch gar nicht den Anspruch, damit etwas vom geistig-rituellen Hintergrund dieser Musik zu vergegenwärtigen. Seine *Klavieretüden* und sein *Klavierkonzert* (1985–88) bleiben hochvirtuose europäische Klaviermusik, auch wenn sie formale Ideen aus der Begegnung mit afrikanischer Musik entwickeln.

Ligeti hat wiederholt auf die Forschungen des Wiener Ethnomusikologen und Afrikanisten Gerhard Kubik hingewiesen. Er bezog sich dabei vor allem auf Kubiks Beiträge zu dem von Artur Simon herausgegebenen Sammelband *Musik in Afrika* (Museum für Völkerkunde Berlin, 1983).[40] Nach Kubik ist die Rede von ›der‹ afrikanischen Musik problematisch, weil sie die staunenerregende Fülle musikalischer Kulturen in Afrika unterschlägt. Jedes Volk habe seine eigene Musik, eigene Instrumente und Traditionen. Auch die Unterstellung, afrikanische Musik sei vor allem eine solche mit Trommeln und Schlaginstrumenten, weist Kubik zurück, indem er die breite Palette von Instrumenten wie Xylophon, Leier, Harfe, Zither, Lamellophon et cetera[41] vorstellt.

Kubiks besonderes Verdienst ist es, den Unterschied zwischen »Hörbild« und »Spielbild« herausgearbeitet zu haben: »Die afrikanischen Musiker nützen auf wunderbare Weise eine psycho-akustische Tatsache aus. Unser Ohr ist geneigt, aus einer Kette aufeinanderfolgender Töne großen Höhenunterschieds die Töne gleicher Höhenräume zu Gruppen zusammenzufassen. Dieses gestaltpsychologische Moment spielt beim Hören afrikanischer Instrumentalmusik eine große Rolle. ... Man höre einem Lamellophonspieler zu. Eine wunderbare Vielfalt rhythmischer Linien ist vorhanden, und doch bewegen sich die Daumen des Musikers ganz einfach! Was er spielt, ist eine Kette von Tönen in sprunghafter Hoch-Tief-Bewegung. ... Alle tiefsten Töne seiner Kette ereignen sich an bestimmten Zeitstellen, wodurch eine rhythmische Reihe entsteht. Ebenso verhält es sich mit den Tönen mittlerer Höhe und den höchsten. Auf einmal hört man drei rhythmische Linien. Der Spieler erzeugt keine davon unmittelbar, wie könnte er auch mit nur zwei Daumen. Er spielt eine Kombination zweier nicht wahrzunehmender Bewegungsrhythmen. Diese aber erzeugen zwei bis drei rhythmische Linien in der Vorstellung des Zuhörers und in ihm selbst, wenn er seinem Spiel zuhört.«[42]

Zu besonderer Kunstfertigkeit wurde dieses Spiel mit inhärenten Patterns in der Xylophonmusik des untergegangenen Königreichs Buganda (im heutigen Uganda) entwickelt, der sogenannten Amadinda-Musik, die Ligeti besonders schätzte. Es handelt sich dabei um eine höfische Musik, die eine gewisse Sonderstellung in Ostafrika einnimmt.[43] Zu ihren Techniken gehören das Interlocking (die Verzahnung), die inhärente Melodiegestaltung und eigenartige Tonleitern und harmonische Beziehungen. Die Amadinda ist ein Holmxylophon mit zwölf Platten, die auf zwei frischen Bananenstämmen aufruhen. Gespielt wird sie von drei sich gegenübersitzenden Spielern. Die Spieler A und B intonieren jeweils unterschiedliche Basisreihen von Tönen in gleicher, im übrigen recht hoher Geschwindigkeit, allerdings so, daß B seine Reihe im Abstand einer halben Zählzeit zu A beginnt, so daß die beiden Spieler ineinandergreifen und zusammen ein Tempo spielen, das doppelt so schnell erscheint wie das, was jeder Spieler für sich spielt. Jeder hat seinen eigenen Puls, an dem er festhält, zusammen produzieren sie einen Puls, den der Hörer als einen einzigen vernimmt.[44] Die aus den beiden ineinandergreifenden Reihen resultierende Melodik wird von der auditiven Wahrnehmung nicht mehr fortlaufend erfaßt, sondern in einzelne melodische Höhenschichten aufgespalten, eben als inhärente Tonfolgen.[45]

Kubik hat dargelegt, daß afrikanische Musik nur in Verbindung mit körperlichen Bewegungsbildern angemessen verstanden werden kann.[46] Diese motionalen Bilder des ganzen sich bewegenden Körpers oder der sich bewegenden Hände der Instrumentalisten bildeten eine Art von Tiefenstruktur des hörbaren Ereignisses, in der Vokal- wie in der Instrumentalmusik. Ein Instrument erlernen heiße dementsprechend, die erforderlichen Bewegungsmuster der Hände und Finger erlernen: »In der Aufführungspraxis afrikanischer Musik hören und sehen die Umstehenden die Musik gleichzeitig. Sie vollziehen die Motionen nach, entweder innerlich (bewegungsloses Dabeisein, aber innerliches Mitschwingen) oder durch nach außen gerichtete motorische Partizipation. ... Bewegungsmuster beeinflussen immer Akzentuierung und Agogik, ferner das Klangspektrum einzelner Töne und indirekt selbst das genaue ›pacing‹ der anzuschlagenden Töne. Falsches Verstehen der Bewegungen provoziert winzige Temposchwankungen und einen meist totalen Verlust der ursprünglichen Akzentstruktur, was sich in einem Mangel an ›drive‹ wahrnehmbar äußert.«[47] Afrikanische Musik muß mithin auditiv und motional zugleich aufgefaßt werden, während die europäische Kunstmusik aufs Auditive reduziert erscheint.[48]

Ligeti fand in diesen Forschungen nicht nur technische Anregungen für seine Kompositionen, sondern auch einen von den neuzeitlichen europäischen Traditionen abweichenden Begriff von Musik. In Afrika wird Musik nicht unabhängig von rhythmischen Bewegungsmustern des Körpers verstanden. Motionale Bilder sind die Grundlage für die Ausführung dieser Musik und bestimmen auch ihre Wahrnehmung, wobei eine andere Gestalt motorischer Intelligenz erforderlich ist als in der europäischen Kunstmusik. Ligeti lag es fern, dieses andere Verständnis von Musik einfach zu übernehmen. Im Gegenteil: Musik bestimmt sich für ihn vom Hörbild, nicht vom Bewegungsbild her. Auch wenn körperliche Bewegungsmuster Ausgangspunkt des Komponierens und Vorbedingung musikalischer Praxis sind, so zielt die Komposition auf ein Supersignal, das geeignet ist, ganz andere Dimensionen der Formwahrnehmung und synästhetischen Phantasie hervorzurufen.[49]

Ligeti hat dieses Verständnis von Musik einmal mit einem suggestiven visuellen Vergleich veranschaulicht: »Wenn man versucht, die Musik als eine akustische Kunstgattung zu definieren, stößt man auch auf Schwierigkeiten. Wohl sind Schallwellen, also periodische oder aperiodische Luftdruckschwankungen, Träger von Musik, aber die Musik ist qualitativ auf einer anderen Ebene angesiedelt als auf der akustischen. Als Modell kann der Qualitätssprung Pixel/Bild dienen. Farbige Punkte oder Bildelemente blitzen auf und erlöschen auf dem Fernsehschirm, doch verlassen sie nie ihren Platz. Die starren Pixel sind Träger des beweglichen Bildes, das Bild auf dem Fernsehschirm existiert aber als Supersignal auf der nächsthöheren Wahrnehmungsebene.«[50] Die Starrheit der Disposition des Bildschirms verhindert also nicht, daß die Illusion von sich bewegenden Bildern entsteht. Obgleich sie statisch ist, lebt die Bildfläche – dank des Aufleuchtens ruhender Pixel in zeitlicher Folge und der besonderen Eigenschaften unserer Wahrnehmung. Die Gestaltpsychologen sprechen von der Prägnanztendenz des Wahrnehmungsapparats, mit der wir Lücken, Unvollständigkeiten, Unübersichtlichkeiten und Zäsuren im Gegebenen zugunsten organisch lebender und rund geschlossener Formen retuschieren, im visuellen wie im auditiven Bereich. So vollendet sich auch die Musik erst in der Hör-Wahrnehmung, die gegenüber der zugrundeliegenden körperlichen Bewegung einen Qualitätssprung darstellt. Reduzierte man Hörbilder auf Bewegungsbilder, so würde man sie um diese wesentliche Dimension verkürzen.[51] In diesem Auseinanderfallen von Produziertem und Gehörtem, von motionalen Körperbildern und Hörbildern mag man eine Konstante von Ligetis musikalischem Denken seit seiner frühen Kölner Zeit erblicken.[52]

Ligeti schätzte die afrikanische Musik übrigens so sehr, daß er sich auch persönlich für ihre Verbreitung in westlichen Metropolen einsetzte. So veranstaltete er mit Simha Arom im Dezember 1999 im Pariser Théâtre du Châtelet und zwei Jahre später in der Berliner Philharmonie einen Konzertabend, bei dem er seine von Pierre-Laurent Aimard gespielten Klavieretüden der Musik der Aka-Pygmäen aus dem Südwesten der Zentralafrikanischen Republik gegenüberstellte. Allen Zuhörern wird unvergeßlich bleiben, wie eine Gruppe von 14 Aka-Pygmäen auf die Bühne der Philharmonie trat, polyphone Gesänge intonierte und – moderiert von Simha Arom – einige Stimmen einzeln vortrug, um den Zuhörern einen Eindruck von der Komplexität polyrhythmischer Formbildung zu vermitteln. Ein »Fest im Zeichen von Rhythmus und Puls« (Pierre-Laurent Aimard), zugleich eine Provokation für den erstarrten Eurozentrismus europäischer Konzerthäuser, die afrikanischer Musik bislang verschlossen gewesen sind.

Bei einem öffentlichen Vortrag[53] demonstrierte Ligeti am Beispiel seiner 6. Klavieretüde *Automne à Varsovie* (1985), wie er sich von solchen Eindrücken hatte inspirieren lassen. Das Stück sei eine Art von Fuge mit augmentierenden und diminuierenden Akzentmustern (siehe Notenbeispiel Seiten 94/95). Es entstehe der Eindruck, als ob der Pianist mit beiden Händen simultan zwei, drei, manchmal vier verschiedene Geschwindigkeiten spiele. Dem liege aber eine Illusionsrhythmik zugrunde, die dadurch hervorgerufen werde, daß rechte und linke Hand, an einigen Stellen auch mehrere Finger ein und derselben Hand, verschiedene Akzentmuster spielten. In unserer Wahrnehmung amalgamierten sich diese Akzentketten dann zu Melodien in unterschiedlicher Geschwindigkeit. »Hier habe ich den Pianisten überlistet!« rief er in die Wiedergabe eines Ausschnitts aus *Automne à Varsovie* hinein, als mehrere verschiedene Tempi in schönster Deutlichkeit zu hören waren. Was der Pianist selber gar nicht mehr bewußt kontrollieren könne, stelle sich beim Hören

Ausschnitt aus György Ligeti: *Automne à Varsovie*. Vgl. hierzu Seite 93

(cresc.)
8
80
f (cresc.)
82
ff
cresc.
ff
84
pp sub.
pp sub.
mf
86
pp sub.
pp sub.
mf

doch zwingend ein. Motorische Intelligenz in einer dem Laien kaum noch nachvollziehbaren Virtuosität!

Was in der afrikanischen Musik allein aufgrund motionaler Bewegungsmuster mnemotisch gespeichert wird, transformiert Ligeti in sich überlagernde komplexe Zählzeiten von sich vermehrender oder verringender Folge – ein Beispiel für die Übersetzung musikalischer Kulturen. Aus einfachen Prinzipien werden komplexeste Strukturen abgeleitet. Während die motorische Intelligenz in afrikanischer und balinesischer Musik ohne Abzählen und taktartige Metrik auskommt, ist die europäische Musik auf die motorische Intelligenz hochtrainierter Instrumentalisten angewiesen, die zählen und taktieren können müssen. Der Komponist bedient sich dabei eines Kunstgriffs, der seit der mittelalterlichen Musik zu deren gelehrten Grundlagen gehört hatte, der Arbeit mit Metren beziehungsweise Zähleinheiten. Musik als Kunst des Numerus und der Metrik.[54]

5. *Motorische Phantasie*

Eine der Implikationen dessen, was Gerhard Neuweiler und György Ligeti unter dem Stichwort motorische Intelligenz diskutiert haben, betrifft die Frage nach den Steigerungsmöglichkeiten dieser Intelligenz. Wie intelligent, wie phantasievoll ist diese Intelligenz? Gibt es eine motorische Phantasie, die eine Art von Resonanzphänomen auf körperliche Bewegungen darstellt? Wie werden solche Phantasien in Musik umgesetzt?

Fingerfertigkeit und Sprechfähigkeit sind Vorbedingung für die Auseinandersetzung des Menschen mit seiner Umwelt, insofern diese Welt selbst schon in großen Teilen durch Werke menschlicher Hände und durch mündliche und schriftliche Kommunikation geprägt ist. Die Teilhabe daran setzt das Erlernen und Abarbeiten an den symbolischen Formen von Politik, Geschichte, Mythos, Religion, Wissenschaft und Kunst voraus, die sich ihrerseits in dem Maße, wie sie aktualisiert werden, durch Re-Interpretationen und Re-Konfigurationen verändern. Nach der These der Kulturanthropologie Arnold Gehlens verfügt der Mensch – im Unterschied zur Erbmotorik der Tiere – über eine Erwerbmotorik, die einen Hiatus zwischen instinktivem Antrieb und Motorik setzt, als Vorbedingung für die Steigerungsfähigkeit seiner motorischen Intelligenz.[55] Weiterhin führten die menschliche Sprache und andere symbolische Formen – einmal erlernt und ausdifferenziert – zur »Entlastung vom Hier und Jetzt und von der Reaktion auf das zufällig Gegebene«. Der Mensch bewältige mit ihnen seine Weltoffenheit und entwerfe auf produktive Weise »eine Unendlichkeit von Handlungsentwürfen und Plänen«.[56]

Dank der sich an symbolischen Formen abarbeitenden motorischen Intelligenz kann der Mensch seine Wirklichkeit transzendieren, indem er sie produktiv verändert oder phantastische Gegenwelten dazu entwirft. Musik ist im Kreise der symbolischen Formen der Kunst gewiß eine der subtilsten Formen der Unterbrechung des Wirklichkeitsbewußtseins. Sie suspendiert die Ansprüche der sozialen Realität und unterläuft feststehende Systeme von Normen und sprachlich fixierten Bedeutungen, setzt damit Bewußtseinsexkursionen und imaginative Faszinationsräume frei, die sie nach eigenen Regeln und Konventionen konfigurieren kann.[57] Bei kaum einem Komponisten des 20. Jahrhunderts läßt sich so gut zeigen wie bei Ligeti, daß solche Phantasiegebilde nur aufgrund hochtrainierter motorischer Intelligenz zu Werken hörbarer Musik objektiviert werden können (was in den zurückliegenden Abschnitten zu zeigen versucht wurde); daß aber andererseits diese Phantasiegebilde stets auf die motorische Intelligenz körperlicher Bewegungen zurückverweisen (was im folgenden zu zeigen sein wird).

Ligetis Musik ist in ihrer Wirkungsgeschichte von Anfang an als besonders imaginationsstark empfunden worden. Liegen den synästhetischen Vorstellungskomplexen, die sie evoziert, nicht vor allem visuelle Traumbilder zugrunde? Als eine Art von Urtraum hat er selber eine Bewegungsphantasie aus der Kindheit beschrieben, die ihn beim Komponieren begleitet habe: »In meiner frühen Kindheit träumte ich einmal, daß es mir nicht gelänge, bis zu meinem Bettchen (das vergittert war und als sicherer Zufluchtsort galt) vorzudringen, denn das Zimmer war von einem dünnfaserigen, aber dichten und äußerst verwickelten Gewebe ausgefüllt, ähnlich dem Sekret von Seidenwürmern, die bei ihrem Einpuppen das ganze Innere der Schachtel, in der sie gezüchtet werden, bespinnen. Außer mir blieben auch andere Wesen und Gegenstände in dem riesigen Netzwerk hängen: Nachtfalter und Käfer aller Art, die den Lichtraum einiger spärlich leuchtender Kerzen erreichen wollten, große, feuchtschmutzige Kissen, deren faulige Füllung durch Risse im Überzug herausquoll, Klumpen von frischem und eingetrocknetem Rotz, erkaltete Speisereste und allerlei ähnlicher Abfall. Jede Regung der steckengebliebenen Lebewesen verursachte ein Beben, das sich dem gesamten System mitteilte, so daß die schweren Kissen fortdauernd hin und her wackelten und ihrerseits wieder ein Wogen des Ganzen bewirkten. Ab und zu wurden die wechselseitig aufeinander einwirkenden Bewegungen so mächtig, daß das Netz mancherorts einriß und einige Käfer unerwartet frei wurden, um sich bald darauf mit erstickendem Summen neuerlich im wogenden Geflecht zu verirren. Diese hier und da plötzlich eintretenden Ereignisse veränderten allmählich die Struktur des Gewebes, das immer verschlungener wurde: An manchen Stellen bildeten sich unentwirrbare Verknotungen, an anderen Kavernen, in denen einige Fetzen aus dem ursprünglich zusammenhängenden Geflecht wie

Sommerfäden umherschwebten. Die Wandlungen des Systems waren unumkehrbar – kein einmal vergangener Zustand konnte wiederkehren. Etwas unaussprechlich Trauriges war an diesem Prozeß, die Hoffnungslosigkeit verrinnender Zeit und einer nicht wiedergutzumachenden Vergangenheit.«[58]

György Kurtág hat gemeint, daß Ligeti in seinem Komponistenleben immer wieder versucht habe, diesen einen Traum in klingendes Gewebe umzusetzen.[59] In einer Art von Urszene verwandelt sich der Raum des vertrauten Kinderschlafzimmers in eine gigantische Insektenfalle. Die eigene körperliche Beweglichkeit wie die von Insekten und anderen Objekten findet sich darin gefangen, selbst der umherfliegende Unrat – vom Rotz bis zu den Essensresten – bleibt als Abfall gelebten Lebens stecken. Durch die Zuckungen der gefangenen Lebewesen und Objekte ist das Netz zwar unablässig in Bewegung, doch sind es Bewegungen vor dem Erstarren, finale Regungen. Ligetis Text liest sich wie eine Bewegungsphantasie in der Umkehrung, im Rücklauf zur vollständigen Immobilität. Kein Wunder, daß er mit einem melancholischen Eingedenken in die Unumkehrbarkeit der Zeit und eine immer unerreichbarere Vergangenheit endet.

Wenn es zu den Fähigkeiten unserer Einbildungskraft gehört, die Dinge und uns selbst in andere Lagen im Raum zu versetzen, gewissermaßen in einen »inneren Stellungswechsel«[60] zu bringen, so findet sich solche Beweglichkeit in Ligetis Kindertraum blockiert. Offenbar verfügen wir über die elementare Fähigkeit, uns so zu verhalten, als könnten wir jederzeit an eine andere Stelle im Raum entweichen, auch wenn wir uns gar nicht von der Stelle bewegen.[61] Solche motorischen Phantasien des Stellungswechsels sind vermutlich das Äquivalent für die motorische Intelligenz körperlicher Beweglichkeit. Sie sind eine Voraussetzung unseres tatsächlichen Verhaltens, insofern wir mit ihrer Hilfe unsere Bewegungsvollzüge antizipieren und steuern. Doch eben diese Phantasien eines jederzeit möglichen Stellungswechsels werden in Ligetis Kindertraum stillgestellt.

Ligeti hat selber im Jahre 1960 ausgeführt, daß sich ihm »Empfindungen von Farbe, Form, materieller Beschaffenheit, ja sogar abstrakte Begriffe« unwillkürlich stets mit klanglichen Vorstellungen verknüpften: »Dies erklärt das Vorhandensein von so zahlreichen ›außermusikalischen‹ Zügen in meinen Kompositionen. Klingende Flächen und Massen, die einander ablösen, durchstechen oder ineinanderfließen, – schwebende Netzwerke, die zerreißen und sich verknoten, – nasse, schleimige, klebrige, gallertartige, faserige, trockene, brüchige, körnige und kompakte Materialien – Fetzen, Floskeln, Splitter und Spuren aller Art – imaginäre Bauten, Labyrinthe, Inschriften, Texte, Dialoge, Insekten – Zustände, Ereignisse, Vorgänge, Verschmelzungen, Verwandlungen, Katastrophen, Zerfall, Verschwinden: All das sind Elemente dieser nichtpuristischen Musik.«[62] Man ist an Gemälde von Paul Klee mit ihrer spezifischen Sensibilität für verbrauchte Materialien, verschlissene Stoffe und verwaschene Farben erinnert. Dem kindlichen Blick bietet sich eine Abfallwelt dar: Das scheinbar Intakte verwandelt sich ins Defekte, das Bewegte ins Immobile und die glänzende Alltagsfassade ins Schmutzig-Heruntergekommene – das Unreine als Quelle der Scham, aber auch der produktiven Verwandlung.

Nach Walter Benjamin besteht die Gabe des Allegorikers darin, die Welt in immer neue Konstellationen zu versetzen. Was sich vor seinen Augen auflöst, fügt er auf eigensinnige Weise wieder zusammen, in einer anderen Art virtueller Bewegung. Diese Attitüde finde sich beim barocken Melancholiker, dem die Natur nur immer im Zeichen der Vergänglichkeit erscheint, beim Sammler und Flaneur, der im Abseitigen moderner Großstädte nach deren Strandgut stochert, schließlich beim Kind, dem sich die Welt im Unscheinbarsten transfiguriert. Vor allem in Abfallprodukten erkennen Kinder »das Gesicht, das die Dingwelt gerade ihnen, ihnen allein, zukehrt. In ihnen bilden sie die Werke der Erwachsenen weniger nach, als daß sie Stoffe sehr verschiedener Art durch das, was sie im Spiel daraus verfertigen, in eine neue, sprunghafte Beziehung zueinander setzen. Kinder bilden sich damit ihre Dingwelt, eine kleine in der großen, selbst.«[63]

Diese Gabe zur Transfiguration der Welt als Schlüsselgabe der Einbildungskraft hat Ligeti in besonderer Weise bereits als Kind ausgebildet. Lange Zeit lebte er, nach eigener Erzählung, in einer von ihm selbst erfundenen Traumwelt namens Kylwiria, für die er Landkarten und Stadtpläne zeichnete, eine eigene Sprache erfand (in der die Hauptwörter mit ›a‹ endeten, die Adjektive mit ›e‹), über die soziale Ordnung nachdachte (natürlich sollte vollständige Gerechtigkeit herrschen) und festlegte, daß körperliche Arbeit von Maschinen statt von Menschen ausgeführt würde.[64] Wie er sich als Kind auf Schritt und Tritt eine von ihm selber erfundene Musik vorstellte, hat er in seiner Kyoto-Rede beschrieben. Die Lebhaftigkeit dieser Vorstellungen war ihrerseits an körperliche Beweglichkeit gebunden und verschwand mit dieser.

Ligeti hat seine Fähigkeit, die Stoffe der Erwachsenenwelt traumlogisch in neue, sprunghafte Beziehung zueinander zu setzen, später für sein Komponieren fruchtbar gemacht, und hierbei ist ihm die motorische Intelligenz, wie er sie fürs Komponieren am Klavier beschrieben hat, eine unerläßliche Voraussetzung gewesen. Seine Kompositionen sind eine unablässige Auseinandersetzung mit den physikalischen, akustischen, physiologischen und sonstigen materiellen Gegebenheiten der Produktion und Wahrnehmung von Musik. Sie sind aber auch eine Auseinandersetzung mit der Musik anderer Künstler und Kulturen, eine dialogische Musik par excellence – nicht Poésie pure, wie sie Komponistenkollegen wie Pierre Boulez in der Nachfolge von Anton von Webern angestrebt haben. Ligeti studierte mit nie nachlassender Neugierde die kompositorischen Verfahren und Techniken zeitgenössischer

Musik, in Affinität wie in Widerspruch, der häufig genug in polemischer Überschärfe artikuliert wurde, wie um den eigenen Ansatz deutlicher zu profilieren. Seine produktive Rezeption umfaßte aber auch mittelalterliche Kirchenmusik, Madrigale der Renaissance und klassisch-romantische Kammermusik, ebenso wie Volksmusiken europäischer und außereuropäischer Kulturen.[65] Selbst der Unterschied zwischen E- und U-Musik, den er ästhetisch sehr wohl zu machen wußte, war diesem Genie produktiver Anverwandlung sekundär, sofern er nur kreative Impulse empfangen konnte. So finden sich in seiner Musik auch Echos von Rock-, Minimal- und repetitiver Musik, sogar von Pop-Musik, die er in Amerika kennenlernte. Ligetis Musik ist nichtpuristisch, spielerisch und voller Resonanzen auf klingende Objets trouvés, ohne dabei auf konstruktive Strenge zu verzichten. Seit Strawinsky gab es wohl keinen Komponisten mit ähnlich ausgeprägtem musikalischem Appetit und Lust an spielerischer Verwandlung. Allein seine Oper *Le Grand Macabre* (1974-77, rev. Version 1996) – mit über tausend mehr oder weniger wiedererkennbaren Zitaten – ist eine »reichhaltige Fundgrube nicht nur musikalischer Assoziationen, sondern auch unterschiedlichster Kompositionstechniken, mit denen Ligeti historisches Material konfrontiert.«[66]

Dieses spielerische Verhalten gegenüber musikalischen Anregungen aus allen erdenklichen und selbst verrufenen Quellen ist mit einem spezifischen Humor verbunden, mit Sinn für Nonsense und Groteskes. Nicht von ungefähr gehörte die ungarische Übersetzung von Lewis Carroll zu Ligetis tiefsten literarischen Eindrücken (und begleitete ihn sein Leben lang), ebenso wie *Märchen aus Tausend und einer Nacht* und die phantastische ungarische Literatur (von Autoren wie Gyula Krúdy). Sind Ligetis Kompositionen Scherz oder Ernst? Diese Alternative hat der schwedische Freund Ove Nordwall bereits Ende der 60er Jahre zurückgewiesen: »Bei Ligeti gibt es gewöhnlich kein strenges Entweder-Oder, sondern das Sowohl-Als-Auch. Über seiner Musik liegt ... eine ironische Distanz, die dem Ernst die Schärfe des Pathetischen nimmt und dem Scherz einen fast tragischen Hintergrund verleiht.«[67] Der Sinn fürs Absurde verbindet Ligetis Musik mit Kafka und Beckett, Ionesco und Miró. Gegenüber der von Spinnweben überzogenen, in Immobilität erstarrenden Welt und der Unfaßbarkeit ihrer Verbrechen und ihres Schmutzes bleiben Humor und Sarkasmus als Geste der Selbstbehauptung.

Ist Humor vielleicht nur eine andere Art des inneren Stellungswechsels und damit eine Erscheinungsform der motorischen Phantasie? Unter zwei Diktaturen war Ligeti mehrfach nur knapp und unter abenteuerlichen Umständen mit dem Leben davongekommen, seinen Vater und seinen geliebten jüngeren Bruder Gábor ebenso wie weiter entfernte Verwandte hatte er in Konzentrationslagern verloren. Diese Erfahrungen haben ein Gefühl der Fremdheit und Unbehaustheit vermittelt, das sich bis zuletzt nicht verloren hat. Jede Idylle könne in eine Tragödie umschlagen, jede Gastlichkeit in Verfolgung, so hat er nach eigener Auskunft die weihnachtlich erleuchteten Fenster in den Reihenwohnungen bei seiner Ankunft 1956 in Wien erlebt. In jedem Augenblick hätten aus denselben Fenstern antisemitische Parolen ertönen können. Daß nichts so ist, wie es scheint beziehungsweise wie wir es wahrnehmen, ist der Kern seines Kontingenzbewußtseins und verleiht seiner Musik Züge des Unheimlichen und Grotesken.

Kein Anarchist im politischen Sinne, hat Ligeti doch wie kein zweiter Komponist anarchistische Energien in der Musik entbunden. *Désordre* lautet der Untertitel der 1., Pierre Boulez gewidmeten Etüde für Klavier, und mit dessen Forderung »organiser le délire« aus den 50er Jahre hätte er sich solidarisch erklären können.[68] Ligeti kam es allerdings nicht auf die Exzesse der Unordnung als solche an, vielmehr schwebte ihm in seiner Etüde wie anderswo eine Art von höherem Einklang von Ordnung und Unordnung vor.[69] Die Energien von Traum, Phantasie und Humor sollten in musikalische Struktur und Ordnung transformiert werden. Einfälle zählten nur, sofern sie zum Element einer in sich durchgebildeten Form wurden. So hat Ligeti einmal bekannt, daß er »Musik nach dem Kriterium unterscheidet, ob der Komponist einfach niederschreibt, was ihm unmittelbar einfällt, oder – das wäre das Kriterium für gute Musik – ob er seine Skizzen so lange erneuert, sein Stück immer wieder beginnt, bis die ›Zahnräder greifen‹, also der Eindruck einer Stimmigkeit entsteht. Um welche Zahnräder es sich handelt und wann sie greifen, hängt vom kulturell-künstlerischen Kontext ab, in dem der Künstler lebt, und von der Höhe der Meßlatte, die er an das Niveau der eigenen Arbeit anlegt.«[70]

Wiederum eine Metapher für die Rückkopplungsschleife zwischen den inneren Vorstellungen und den ineinandergreifenden Zahnrädern der verschiedenen Elemente von Klang, taktilen Mustern und Noten! Motorische Intelligenz als Vorbedingung musikalischer Komposition impliziert einen Prozeß des immer wieder Probierens und Re-Konfigurierens, bis das Puzzle stimmt. Doch ebenso wie motorische Intelligenz ohne Phantasie und innere Hörvorstellungen allein keine Kompositionen hervorbringt, so gilt auch, daß musikalisches Tagträumen allein noch kein Komponieren ist. Darauf spielt eine Komposition aus Ligetis letzter Schaffensphase an: *Traum (Zwölfte Symphonie)* heißt mit einem von ihm selbst geprägten Doppeltitel[71] das 5. Lied eines Zyklus von 7 Liedern auf Gedichte des verehrten ungarischen Dichters Sándor Weöres mit dem Titel *Síppal, dobbal, nádihegedűvel: Weöres Sándor verseire* (2000)[72], die zu den letzten abgeschlossenen Werken in Ligetis Œuvre gehören. Im 5. Lied heißt es:

Ein Apfel am Zweig
Ein Apfel schaukelt am Zweig
...
schaukelnd
sich wiegend
Pendel
Hinta
Palinta[73]
Ein Traum eines Apfels
Des Verstandes Traum ein Apfel
Träume träume
Unbewegt schwingend
In kühlem Wind im Schatten
...
hier auf der Stelle schifft er weg
nach Indien nach Afrika nach dem Mondschein
träume
– Apfel schläfst du?[74]

Die Sopranstimme wird von einem sich wiegenden, weichen Klang von vier Mundharmonikas eingehüllt, auf diskrete Art entsteht die Aura mütterlicher Liebe und kindlicher Klangvorstellungen. Ein Lied wie zum Abschied auf das, was den Komponisten zeit seines Lebens umgetrieben hat: die Bewegung im scheinbaren Stillstand, mit der Freisetzung ausgreifendster Bewegungsphantasien, dem Aufbruch »nach Indien, nach Afrika, nach dem Mondschein« – der noch nicht zustande kommt, solange der Apfel nicht aufwacht. So bleibt es beim ›Traum (Zwölfte Symphonie)‹.

Anhang

Anmerkungen zur Vorrede

1 Gerhard Neuweiler im Jahrbuch des Wissenschaftskollegs 2000/2001, S.134. – Neuweiler beendete in seinem Jahr am Wissenschaftskolleg sein Lehrbuch: *Vergleichende Tierpsychologie.* Bd.1: *Neuro- und Sinnesphysiologie.* Berlin und Heidelberg 2003.
2 Vgl. Roelcke (2003), S. 142 f.
3 Ligeti (2007), Bd. 1, S. 521.

Anmerkungen zum Nachwort

1 Bereits Arnold Gehlen hatte in anderem Zusammenhang auf die motorische Kompetenz des Menschen als Voraussetzung von Taktilität und Sprechfähigkeit und damit der Kulturbildung hingewiesen, vgl. Gehlen (1993), Bd.1, S. 149 ff.
2 Ihm schwebte dabei weniger eine Oper oder ein Oratorium als vielmehr ein Bogen musikalischer Sketche vor, nicht unähnlich den ›Říkadla‹ von Leoš Janáček (Lieder für 9 Stimmen und kleines Instrumentalensemble), ein Zyklus humorvoller Stücke auf Kinderreime. Ligeti schätzte Janáček als einen der bedeutendsten Komponisten des 20. Jahrhunderts, setzte ihn sogar auf eine Ebene mit Strawinsky und Bartók. Er sei der Mussorgsky des 20. Jahrhunderts, ungeschlacht und doch in allen seinen Äußerungen von künstlerischer Wahrheit und Originalität erfüllt.
3 Siehe zu den musikwissenschaftlichen Aspekten der folgenden Ausführungen auch Nordwall (1971), Lobanova (2002) und Steinitz (2003).
4 Ligeti (2007), Bd. 2, S.288.
5 Ebd.
6 In anderer Weise wurde dieses Motiv unter dem Titel einer Rückkehr des Körpers und der Körperlichkeit in der Musik seit den 80er Jahren diskutiert, etwa von Helmut Lachenmann, vgl. Meyer-Kalkus (2006).
7 Dieser Ansatz unterscheidet Ligeti auch von Überlegungen, wie sie Roland Barthes zur Körperlichkeit romantischer Klaviermusik angestellt hatte. Barthes sprach vom Genuß bestimmter Muskelan- und abspannungen beim Klavierspielen, der Erotizität des Anschlags und des Korns der Stimme im Liedgesang. Er meinte sogar, in den Akzenten und Schlägen des jeweiligen Pianisten das Anagramm eines begehrenden Körpers vernehmen und unterscheiden zu können, »welcher Teil des Körpers da spielt: ob es der Arm ist, der leider zu oft so muskulös ist wie die Wade eines Tänzers, die Pranke (trotz der Rundungen der Handgelenke) oder ob es im Gegenteil der einzige erotische Teil eines Pianistenkörpers ist: die Fingerkuppen, deren Korn man so selten hört.« Barthes (1982), S. 244. Ein begehrender Körper liegt nach Barthes allen sprachlichen und sprachähnlichen Äußerungen zugrunde. In die Bedeutung der Musik gehe dieses Begehren als »Anagramm des erotischen Körpers»« ein – Schlußfolgerungen, die Ligeti nicht zu teilen bereit gewesen wäre, s. u. Anmerkung 51.
8 Ligetis Vater Alexander (Sándor) (1890–1945) schrieb Fachbücher über Wirtschaft und Ethik und publizierte sogar einen utopischen Roman.
9 Sein lebenslanges Interesse an der Volksmusik erklärt sein späteres Engagement zugunsten der Digitalisierung der Sammlung südosteuropäischer Volksmusik in dem von Constantin Brăiloiu gegründeten Folklore-Institut in Bukarest. Während seiner Zeit am Wissenschaftskolleg ergriff er – zusammen mit György Kurtág – Initiativen, um dessen Schalldokumente zu sichern. Diese Initiativen werden heute im Rahmen des EU-Projekts ›ethnoArc – Linked European Ethnomusicological Archives‹ weitergeführt. Ligeti bewegte die Sorge, daß diese Musik aufgrund der Fragilität der Tonträger (Wachszylinder und Über-

spielungen auf Tonbänder) verlorengehe, in einer Zeit, wo die mündliche Überlieferung abreißt.

10 Daran erinnert der Jugendfreund György Kurtág in seiner ›Laudatio auf György Ligeti‹, in: Kurtág (1993), S. 31f.

11 Ligeti (2007), 2 Bände.

12 Wie etwa seine Untersuchungen der *Structures Ia* von Pierre Boulez (1958), in: Ligeti (2007), Bd. 1, S. 413–46 oder der Kompositionen von Anton von Webern, in: Ligeti (2007), Bd. 1, S. 323–408.

13 Vgl. den Schweigevortrag, den er im Sommer 1961 auf dem Europäischen Forum in Alpbach hielt. Aufgefordert, ein Statement zur Zukunft der Musik abzugeben, bewahrte er zehn Minuten professoralen Schweigens, während derer er verschiedene Mitteilungen mit Kreide an die Tafel zeichnete. Vgl. G. Ligeti: »Die Zukunft der Musik«, in: Ligeti (2007), Bd. 2, S. 175–78. – So war er auch peinlich darauf bedacht, nicht von Institutionen vereinnahmt zu werden. Dem hatte er bereits 1949/50 in Budapest widerstanden, als man ihn dazu bewegen wollte, der kommunistischen Partei beizutreten. Dieser Widerborstigkeit gegenüber Institutionen ist er bis zuletzt treu geblieben.

14 Der Titel seiner Komposition *Clocks and Clouds* (1973) ist eine Hommage an Karl Poppers wissenschaftstheoretischen Versuch, die physikalische Welt als offenes System zu beschreiben, anknüpfend an Überlegungen zum Unterschied zwischen exakt determinierten Ereignissen und solchen, die statistischen Wahrscheinlichkeitsgesetzen unterliegen (Poppers Aufsatztitel lautet allerdings ›Clouds and Clocks‹, deutsch: ›Über Wolken und Uhren‹, in: Popper (1973), S. 214–267).

15 Insbesondere der 4. Satz des *Klavierkonzerts* (1985–1988) nimmt Ideen der Fraktalen Geometrie auf, besonders das Prinzip der Rekursivität, vgl. Steinitz (2003), S. 327 f. – Heinz-Otto Peitgen hat bei der Trauerfeier für Ligeti in Wien am 26.6.2006 an seine Gespräche mit Ligeti erinnert. Das zusammen mit Hartmut Jürgens und Dietmar Saupe herausgegebene Buch *Chaos. Bausteine der Ordnung* (New York 1992) hatte er dem Komponisten zum 70. Geburtstag gewidmet.

16 Am Ende seines Lebens zeigte Ligeti allerdings eine deutliche Reserve gegenüber den mit dieser musikalischen Entwicklungslogik verbundenen Fortschrittsvorstellungen. Er fragte sich, ob dieser Weg nicht in Sackgassen und dogmatische Verengungen geführt habe – zu ungunsten der Lebendigkeit der Musik. Seine Kompositionen seit den 80er und 90er Jahren (etwa die *Sonate für Viola* 1994 oder die *Weöres-Lieder* 2000) sind in vieler Hinsicht eine Antwort auf diese Zweifel.

17 Ligeti (2007), Bd. 1, S. 521.

18 Die ambivalente Haltung gegenüber Adorno als Musiktheoretiker und Philosophen rührt daher. Verdankte er der ›Philosophie der neuen Musik‹, die er noch in Budapest kennenlernte, die Begegnung mit dem musikalischen Denken der Schönberg-Schule, so konnte er – ganz abgesehen von den neo-hegelianischen Prämissen – Adornos Erledigung von Strawinsky als Komponist der Restauration nicht teilen, ebensowenig die Kritik an Volksmusik und Musikantentum.

19 Sokal und Bricmont (1998).

20 Vgl. Lobanova (2002), S. 397 f.

21 Hüschen (1961), S. 1197.

22 Vgl. Lobanova (2002), S. 246 ff.

23 Darunter finden sich u.a. eine Reihe von Tänzen aus der ungarischen und rumänischen Volks- und Gebrauchsmusik, die er in seiner Studienzeit orchestrierte, etwa die Suite *Alte ungarische Gesellschaftstänze* (1949), die das Zeug hätte, einmal neben den Johann Straußischen Walzern zu einem anderen Silvesterschlager zu werden.

24 Brief an Ove Nordwall, zitiert nach Nordwall (1971), S. 38.

25 Imre Kertész Buch *Fiasko* (1988) erschien Ligeti nicht nur als bestes Buch dieses ihm befreundeten Autors, sondern als der getreueste literarische Reflex des Lebens unter der Diktatur in Ungarn.

26 Vgl. Schnebel (1958), S. 129 f.

27 Vgl. Ligeti (2007), Bd. 1, S. 237–61.

28 Klänge dieser Kompositionen sind dem breiten Publikum, ebenso wie Auszüge aus Ligetis

Requiem, *Lux aeterna* und *Aventures*, durch Stanley Kubricks Film ›2001 – A Space Odyssey‹ (1968) vertraut. Der Regisseur hatte die Musik ohne vorherige Einwilligung des Komponisten als Filmmusik verwendet, vgl. Steinitz (2003), S. 161 ff. Sonderbarerweise war es dieser illegale Akt, der Ligetis Musik auch in Kreisen, die der Neuen Musik fernstanden, international eine hohe Resonanz verschaffte. Mit Zustimmung des Komponisten hat Kubrick dann Auszüge aus anderen Kompositionen von Ligeti in ›Shining‹ (1979) und in ›Eyes wide shut‹ (1999) verwendet. Ligeti hat übrigens wiederholt die Komposition von Filmmusik abgelehnt, so lukrativ die Angebote auch waren.

29 Ligeti (2007), Bd. 1, S. 253.

30 Ebd., S. 260 f.

31 Vgl. Benveniste (1966), S. 327–335.

32 Vgl. Gehlen (1961), S. 104–126, S. 116, 124.

33 Ligeti (2007), Bd. 2, S. 253.

34 So der Titel des 3. Satzes des Streichquartetts Nr. 2.

35 Vgl. Lobanova (2002), S. 163.

36 Ligeti an Ove Nordwall am 19. 2. 1968, zitiert nach Nordwall (1971), S. 92.

37 Ebd.

38 In diesen Kontext gehört freilich auch die Faszination durch die rhythmisch intrikate Piano-player-Musik von Conlon Nancarrow, die Ligeti ab 1981 kennen lernte.

39 Ligeti (2007), Bd. 2, S. 289.

40 Vgl. Ligeti (2007), Bd. 2, S. 300–301.

41 Vgl. Kubik (1983a), S. 28.

42 Ebd., S. 39.

43 Kubik (1983b), S. 139–165.

44 Ebd., S. 145 f.

45 Ebd., S. 149.

46 Kubik (1982c), S. 315.

47 Ebd., S. 316.

48 Ein weiterer Unterschied besteht darin, daß musikalische Muster in der afrikanischen Musik oft verbalen bzw. syllabischen Charakter haben, auch wenn sie instrumental erzeugt werden. Melodien bzw. Rhythmen suggerieren den afrikanischen Musikern jeweils in mehr oder weniger bestimmter Weise Wortteile, Silben oder ganze Phrasen. Vgl. ebd., S. 317.

49 Darauf hat Ligeti in anderer Weise auch gegenüber Ansätzen zu einem hyperkomplexen, die auditive Wahrnehmung überfordernden Komponieren bei einigen seiner Kollegen insistiert.

50 G. Ligeti: ›Rhapsodische Gedanken‹, s.o. S. 40. – Ligeti spinnt hier eine Leitmetapher seines musikalischen Denkens weiter. Bereits 1958 hatte er in seiner Analyse von Pierre Boulez' *Structure Ia* für zwei Klaviere einen ähnlichen visuellen Vergleich gebraucht, um den Unterschied zwischen Nahsicht und Fernsicht auf diese Musik zu veranschaulichen: die Nahsicht auf die Determination in der Mikrostruktur und die Fernsicht auf das aus weiterem Abstand willkürlich Anmutende, vgl. György Ligeti: ›Entscheidung und Automatik in der *Structure I a* von Pierre Boulez‹, in: Ligeti (2007), Bd. 1, S. 445.

51 Wie dies R. Barthes in der in Anmerkung 7 zitierten Äußerung tut, wenn er den Hörakt auf die Vorstellung davon fixiert, welcher Körperteil des reproduzierenden Künstlers auf welche Weise bei der Hervorbringung der Klänge beteiligt ist.

52 Es handelt sich um eine Einsicht, die auch bei Überlegungen zu einer körperbezogenen Ästhetik in Theater und Performance, wie sie heute in Theater-, Literatur- und Medienwissenschaften angestellt werden, in Erinnerung gerufen zu werden verdiente, vgl. Meyer-Kalkus (2007).

53 Vortrag im Wissenschaftskolleg zu Berlin am 24. 1. 2001.

54 Wie Ligeti seine Kenntnisse des Kontrapunkts für die Mikropolyphonie von Bewegungsfarben nutzen konnte, so auch seine Kenntnisse spätmittelalterlicher Musik, vor allem von Machaut, Solage, Senleches, Ciconia und Dufay für die erweiterte Hemiolen-Technik in den *Klavieretüden*, dem *Klavierkonzert* und den *Nonsense Madrigals* (1988–93), vgl. Lobanova (2002), S. 246 ff.

55 Gehlen (1961), S. 110 f.

56 Gehlen (1993), Bd.1, S.281.

57 Vgl. Barth (2003), S.248.

58 György Ligeti: ›Zustände, Ereignisse, Wandlungen. Bemerkungen zu *Apparitions*‹ (1960), in: Ligeti (2007), Bd. 2, S.170. – Zu den biographischen Umständen, wie sie Ligeti nachträglich erzählt hat: seine Angst vor Spinnen, die durch einen gescheiterten Therapieversuch seiner Tante recht eigentlich mitverursacht worden ist, vgl. Steinitz (2003), S. 7.

59 Kurtág (1993), S. 34.

60 Gehlen (1993), Bd.1, S.214.

61 Dies ist die Definition von Bewegungsphantasien durch Melchior Palágyi (1925), S.94.

62 Ligeti (2007), Bd. 2, S.169.

63 Benjamin (1972), S.92.

64 Roelcke (2003), S.20 f. Ligeti meinte im Rückblick, daß es sich dabei wohl um eine gemeinsame Phantasie von ihm selber und von seinem Vater gehandelt habe, der einen utopischen Roman publiziert hatte, in dem das Geld als Tauschmittel inexistent war.

65 Zur Vorbereitung seines geplanten Werks auf Texte von Lewis Carroll hörte er sich in Rossini- und Bellini-Opern ein, selbst die von Adorno geschmähten Orchesterwerke von Tschaikowsky studierte er, »wegen der Instrumentation«, wie er sagte.

66 Vgl. Peskó (2006), S.68–73, S.71.

67 Nordwall (1971), S.39.

68 Pierre Boulez: ›Son et verbe‹ [1958], in: *Boulez* (1966), S.62. Boulez bezieht sich hier auf Antonin Artaud, als Vorbild einer neuen Verbindung von Musik und Wort.

69 »Was uns bei dieser Musik [der afrikanischen] auffällt, ist die wunderbare Kombination von Ordnung und Unordnung, die sich vermischen und so auf einer höheren Ebene zur Ordnung führen ...« György Ligeti: Vorwort zu: *Arom* (1991), S. XVII.

70 Rhapsodische Gedanken, s.o. S.49.

71 Bei Weöres lautet der Titel dieses Gedichts, aus dem Ligeti Verse auswählte, lediglich ›Zwölfte Symphonie‹.

72 Der Titel der Komposition lautet auf deutsch *Mit Pfeifen, Trommeln, Schilfgeigen*, er stammt aus einem ungarischen Kindervers aus der Türkenzeit.

73 ›Hinta‹ bedeutet im Ungarischen ›Schaukel‹; ›Hinta-palinta‹ ruft man Kindern beim Schaukeln zu. Vgl. Kommentar im Beiheft zu The Ligeti Project III bei Teldec.

74 Übersetzung Gyula Hellenbart, in: Beiheft zu The Ligeti Project III bei Teldec.

Literatur

Gerhard Neuweiler: Was unterscheidet Menschen von Primaten?

Allman J (1999): *Evolving brains*, New York: W. H. Freeman and Co.
Andersen RA und Buneo CA (2002): ›Intentional maps in posterior parietal cortex‹, in: *Annual Review in Neuroscience*, Bd. 25, S. 189–220.
Brunia CHM und van Boxtel GJM (2001): ›Wait and see‹, in: *International Journal of Psychophysiology*, Bd. 43, S. 59–75.
Bshary R, Wickler W und Fricke H (2002): ›Fish cognition: a primate's eye view‹, in: *Animal Cognition*, Bd. 5, S. 1–13.
Calvin WH (1994): ›The emergence of intelligence‹, in: *Scientific American*, Bd. 271 (October), S. 78–85.
Cody FWJ (Hg., 1995): *Neural control of skilled human movement*, London: Portland Press.
Cooper DL (2006): ›Broca's arrow: evolution, prediction and language in the brain‹, in: *Anatomical Record (New Anatomy)*, Bd. 289 B, S. 9–24.
Di Pellegrino G, Fadiga I, Fogassi L, Gallese V und Rizzolatti G (1992): ›Understanding motor events: a neurophysiological study‹, in: *Experimental Brain Research*, Bd. 91, S. 176–180.
Enard W, Przeworski M, Fisher SE, Lai CSL, Wiebe V, Kitano T, Monaco AP und Pääbo S (2002): ›Molecular evolution of »FoxP2«, a gene involved in speech and language‹, in: *Nature*, Bd. 418, S. 869–872.
Fitch WT (2000): ›The evolution of speech: a comparative review‹, in: *Trends in Cognitive Sciences*, Bd. 4, S. 258–267.
Gallese V, Fadiga L, Fogassi L und Rizzolatti G (1996): ›Action recognition in the premotor cortex‹, in: *Brain*, Bd. 119, S. 593–609.
Gazzaniga MS (Hg., 2000): *The new cognitive neurosciences*, Cambridge MA: MIT Press.
Hasegawa I und Miyashita Y (2002): ›Categorizing the world: expert neurons look onto key features‹, in: *Nature Neuroscience*, Bd. 5, S. 90–91.
Hauser MD, Chomsky M und Fitch WT (2002): ›The faculty of language: what is it, who has it, and how did it evolve?‹, in: *Science*, Bd. 298, S. 1569–1579.
Holden C (2004): ›The origin of speech‹, in: *Science*, Bd. 303, S. 1316–1319.
Iacobini M, Woods RP, Brass M, Bekkering H, Mazziotta JC und Rizzolatti G (1999): ›Cortical mechanisms of human imitation‹, in: *Science*, Bd. 286, S. 2526–2531.
Ivry R (1997): ›Cerebellar timing systems‹, in: *International Review in Neurobiology*, Bd. 41, S. 555–573.
Jürgens U (2002): ›Neural pathways underlying vocal control‹, in: *Neuroscience and Biobehavioral Review*, Bd. 26, S. 235–258.
Kandel ER, Schwartz JH und Jessell TM (Hg., 2000): *Principles of neural science*, 4. Ed., New York: McGraw-Hill.
Molinari M, Filippini V und Leggio MG (2002): ›Neuronal plasticity of interrelated cerebellar and cortical networks‹, in: *Neuroscience*, Bd. 111, S. 863–870.
Neuweiler G (2003): *Vergleichende Tierpsychologie*, Bd.1: *Neuro- und Sinnesphysiologie*, Berlin/Heidelberg: Springer.
Nishitani N und Hari R (2000): ›Temporal dynamics of cortical representation for action‹, in: *Proceedings of the National Academy of Sciences USA*, Bd. 97, S. 913–918.
Nishitani N und Hari R (2002): ›Viewing lip forms: cortical dynamics‹, in: *Neuron*, Bd. 36, S. 1211–1220.
Ohyama T, Nores WL, Murphy M und Mauk DM (2003): ›What the cerebellum computes‹, in: *Trends in Neuroscience*, Bd. 26, S. 222–227.
Salman MS (2002): ›The cerebellum: it's about time! But timing is not everything – new insights into the role of the cerebellum in timing motor and cognitive tasks‹, in: *Journal of Child Neurology*, Bd. 17, S. 1–9.
Schmahmann JD und Pandya DP (1997): ›The cerebrocerebellar system‹, in: *International Reviews*, Bd. 41, S. 31–60.

Umilta MA, Kohler E, Gallese V, Foggassi I, Fadiga I, Keysers C und Rizzolatti G (2001): ›I know what you are doing: a neurophysiological study‹, in: *Neuron*, Bd. 31, S. 155–165.
Williams JHG, Whiten A, Suddendorf T und Perrett DI (2001): ›Imitation mirror neurons and autism‹, in: *Neuroscience and Biobehavioral Review*, Bd. 235, S. 287–295.
Wohlschläger A und Bekkering H (2002): ›Is human imitation based on a mirror-neurone system? Some behavioral evidence‹, in: *Experimental Brain Research*, Bd. 143, S. 335–341.

Zur Vorrede und zum Nachwort von Reinhart Meyer-Kalkus

Arom S (1991): *African polyphony and polyrhythm. Musical structure and methodology*, Cambridge: University Press.
Barth U (2003): ›Religion und ästhetische Erfahrung. Interdependenzen symbolischer Erlebniskultur‹, in: (ders.): *Religion in der Moderne*, Tübingen: Mohr Siebeck.
Barthes R (1982): ›Le grain de la voix‹ [1972], in: Essais critiques III: *L'obvie et l'obtus*, Paris.
Benjamin W (1972): ›Baustelle‹, in: *Einbahnstraße*, in: Gesammelte Schriften, Bd. 4, hg. v. Tilmann Rexroth, Frankfurt: Suhrkamp.
Benveniste E (1966): ›La notion du »rythme« dans son expression linguistique‹, in: *Problèmes de linguistique générale* I, Paris: Gallimard, S. 327–335.
Boulez P (1966): ›Son et verbe‹ [1958], in: *Relevés d'apprentis*, hg. v. Paule Thévenin, Paris: Seuil.
Gehlen A (1961): ›Über instinktives Ansprechen auf Wahrnehmung‹, in: (ders.): *Anthropologische Forschung*, Reinbek bei Hamburg: Rowohlt, S. 104–126.
Gehlen A (1965): *Zeit-Bilder. Zur Soziologie und Ästhetik der modernen Malerei*, 2. Aufl., Frankfurt/Bonn: Athenäum.
Gehlen A (1993): *Der Mensch. Seine Natur und seine Stellung in der Welt*, 2 Bde., hg. v. Karl-Siegbert Rehberg, Frankfurt: Klostermann.
Hüschen H (1961): Artikel ›Musiké – musica – Musik‹, in: *Die Musik in Geschichte und Gegenwart*, Bd. 6, Kassel: Bärenreiter u.a.
Kubik G (1983a): ›Musikgestaltung in Afrika‹, in: *Musik in Afrika*, hg v. Artur Simon, Berlin: Museum für Völkerkunde, S. 27–40.
Kubik G (1983b): ›Die Amadinda-Musik von Buganda‹, in: *Musik in Afrika*, S. 139–165.
Kubik G (1983c): ›Verstehen in afrikanischen Musikkulturen‹, in: *Musik in Afrika*, S. 313–326.
Kurtág G (1993): *Laudatio auf György Ligeti*, Zug: Ernst von Siemens-Stiftung.
Lepenies W (Hg., 2002) *Jahrbuch des Wissenschaftskollegs 2000/2001*, Berlin.
Ligeti G (2007): *Gesammelte Schriften*, hg. v. Monika Lichtenfeld, 2 Bde., Mainz: Veröffentlichungen der Paul Sacher Stiftung 19.
Lobanova M (2002): *György Ligeti: Style, Ideas, Poetics*, translated from the Russian Manuscript by Mark Shuttleworth, Berlin: Kuhn.
Meyer-Kalkus R (2006): ›Klangmotorik und verkörpertes Hören in der Musik Helmut Lachenmanns‹, in: *Der Atem des Wanderers. Der Komponist Helmut Lachenmann*, hg. v. Hans-Klaus Jungheinrich, Frankfurt: Edition Neue Zeitschrift für Musik, S. 91–112.
Meyer-Kalkus R (2007): ›Stimme, Körper Sprechkunst‹, in: *Handbuch der Literaturwissenschaft*, hg v. Thomas Anz, Stuttgart: Metzler 2007.
Neuweiler G (2003): *Vergleichende Tierpsychologie*, Bd. 1: *Neuro- und Sinnesphysiologie*. Berlin/Heidelberg: Springer.
Nordwall O (1971): *György Ligeti. Eine Monographie*, Mainz: Schott.
Palágyi M (1925): *Wahrnehmungslehre*, hg. v. Ludwig Klages, Ausgewählte Werke, Bd. II, Leipzig: Barth.
Peitgen H-O und Richter P-H (1986): *The Beauty of Fractals. Images of complex dynamical systems*, Heidelberg/Berlin/New York/Tokyo: Springer.
Peitgen H-O mit Jürgens H/Saupe D (1992): *Chaos. Bausteine der Ordnung*, New York: Springer.
Peskó Z (2006): ›Klingendes Spiel. Mustergültige Systemkritik: notwendige Anmerkungen zu György Ligetis Oper *Le Grand Macabre*‹, in: *Opernwelt*, Jahrbuch, S. 68–73.
Popper KR (1973): ›Über Wolken und Uhren‹ [englisch: ›Clouds and Clocks‹], in: Karl R. Popper: *Objektive Erkenntnis. Ein evolutionärer Entwurf*, Hamburg: Hoffmann und Campe, S. 214–267.

Roelcke E (Hg, 2003): ›*Träumen Sie in Farbe?*‹ *György Ligeti im Gespräch mit Eckhard Roelcke*, Wien: Zsolnay.
Schnebel D (1958): ›Karlheinz Stockhausen‹, in: *Die Reihe. Information über serielle Musik*, Bd. 4: *Junge Komponisten*, hg. v. Herbert Eimert unter Mitarbeit v. Karlheinz Stockhausen, Wien/Zürich/London: Universal, S. 119–133.
Sokal A und Bricmont J (1998): *Fashionable Nonsense. Postmodern Intellectuals Abuse of Science*, New York: Picador.
Steinitz R (2003): *György Ligeti. Music of the Imagination*, Boston: Northeastern University Press.

György Ligeti, geboren 1923 im heutigen Siebenbürgen. Lehrtätigkeit im In- und Ausland, zahlreiche Preise, Composer-in-Residence am Wissenschaftskolleg zu Berlin 2000/01. Er starb 2006 in Wien.

Gerhard Neuweiler, Professor in Frankfurt und bis zu seiner Emeritierung 2003 in München, hat vor allem auf dem Gebiet der Verhaltensneurobiologie geforscht. 2000/01 hat er am Wissenschaftskolleg zu Berlin ein Lehrbuch über Vergleichende Neurobiologie geschrieben.

Motorische Intelligenz
erschien 2007 als Band 75 in der
Kleinen Kulturwissenschaftlichen Bibliothek

Wir bedanken uns beim Musikverlag Schott, Mainz, und bei der Paul Sacher Stiftung, Zürich, für die freundliche Überlassung der beiden Texte von György Ligeti.
Sie sind der Ausgabe *György Ligeti, Gesammelte Schriften*, herausgegeben von Monika Lichtenfeld, entnommen.

Umschlaggestaltung Julie August unter Verwendung einer schematischen Darstellung von Neuronen-Nebeln © Prof. Dr. Irmgard-Lippe, Universität Graz, sowie unter einer Notenhandschrift aus *Désordre* (Études pour piano – Nr. 1) von György Ligeti © Schott Music GmbH & Co.KG. Gesetzt aus der Walbaum Standard. Einband- und Vorsatzpapier von Herzog, Beimerstetten. Gedruckt auf chlor- und säurefreiem Papier (Schleipen) und gebunden bei Kösel, Krugzell.
Printed in Germany.

ISBN 978 3 8031 5175 9